KB211176

해와 달을 띄우고
산과 물을 펼친다

해와 달을 띄우고
산과 물을 펼친다

영흥 선사 법문 · 김성우 엮음

1판 1쇄 인쇄 | 2007년 5월 15일
1판 1쇄 발행 | 2007년 5월 24일

펴 낸 곳 | 클리어마인드_(주)지오비스
펴 낸 이 | 오세룡
등록번호 | 제 300-2005-54호
주 소 | 서울시 종로구 수송동 58 두산위브파빌리온 736호
전 화 | 02)2198-5151, 팩스 | 02)2198-5153
디 자 인 | 현대북스 051)244-1251

ISBN 978-89-958772-2-7 03220

클리어마인드는 (주)지오비스의 출판브랜드입니다.

정가 13,000원

해와 달을 띄우고
산과 물을 펼친다

영홍 선사 선어록 · 김 성 우 엮음

앞 글

오도(悟道)

스스로 '본 나'가 오로지 '참 나'여서
생멸(生滅)을 홍대로 삼라만상을 나투어
온 전체로 날날이 해와 달로 누리니
옛도 훗날도 지금처럼 우담바라(優曇鉢羅華) 난발하구나.

종지(宗旨)

다 함께 홀로 서로 통해 온 법계(法界)를 이루고
동서남북에 해와 달을 쌍으로 띄우며
낮에는 꽃을 심고 꽃을 가리키고
밤에는 마니주(摩尼珠) 뿌리고 마니주 굴리구나.

가풍(家風)

앉은 채로 온 법계를 홍대로 이루고
사바(娑婆)와 극락(極樂)을 홍대로 펼치구나
해와 달을 굴리며 중생과 부처를 자유롭게 하고
동서남북에 산호(珊瑚) 열매 계수(桂樹) 열매 끝없이 뿌리구나.

전법(傳法)

1.
앉은 채로 온 법계를 동시에 감추고 드러내니
풀잎마다 우담바라요 돌멩이마다 마니보주구나.
다함께 오늘 일을 영원히 그대와 함께 하나니
고기는 물로 보내고 새는 숲속으로 보내구나.

2.
언제나 지금 이대로 온 법계를 이루고
무엇이든 홍대로 온 세상을 펼치구나.
그대가 해와 달로 중생 · 부처를 길이 행복케 하고
그대가 산과 물로 사바 · 극락을 길이 태평케 하구나.

3.
흰 구름 밖 해와 달이 내 품에 노니나니
산에는 산이 있고 물에는 물이 있어서
마음과 마음이 다르지 않아 홍대로 꼭 맞아
언제나 일만 풀잎이 옛 봄을 전하구나.

4.
쑥국 쑥밥으로 진여실상(眞如實相)을 이루고
콩떡 팥떡으로 삼매(三昧) 해탈(解脫)을 누리니
해와 달로 산이 되어 산을 세우고
꽃과 열매로 물이 되어 물을 펼치구나.

5.
스스로 불심이 일체중생을 다 제도(濟度)해 마쳤나니
무명(無明)과 진여(眞如)가 안팎으로 꼭 맞아
끝없이 사무쳐 누리니
돌멩이마다 해와 달로 흥대로 삼계(三界)를 굴리고
풀잎마다 산과 물로 흥대로 법계를 수놓구나.

늘 정진 누리는 날 영훙 성명 범향 삼배

엮은이의 말

선(禪)은 현실 속에서 번뇌 · 망상과 분별심에 끄달려 사는 고통스런 사람이 본유의 청정한 자성을 밝혀 생사로부터 벗어난 참된 지혜와 생명을 체득함으로써, 대자유와 평상심의 삶을 살아가는 것이라 할 수 있다. 오늘날 과학문명이 발달할수록 삶의 편이성은 높아지고 있지만, 본래 평등하고 밝은 인간성은 날이 갈수록 황폐해지고 있어 삶의 질과 행복지수는 오히려 낮아진 느낌이다. 때문에 일상 속에서 평상심을 실현하는 선의 삶은 더욱 절실해 지고 있다. 생활 속에서 언제 어디서나 주인이 되어 자유로운 삶을 살기 위해서는, 선이란 결코 생활과 동떨어진 것이 아님을 실감해야 한다. 행주좌와 어묵동정 속에서 보고 듣고 감각하고 알아차리는 과정 그대로가 선의 수행이며 깨달음의 삶이 되어야 하는 것이다.

일상의 삶속에서 '평상심이 도(平常心是道)' 인 깨어있는 생활을 누리기 위해서는 역대 조사와 선지식의 삶과 어록을 살펴보는 것이 가장 빠른 길이다. 그분들은 평범한 일상에서 대자유와 행복을 쓰고 펼치는 언행일치(言行一致)의 삶을 너무나도 아름답게, 또는 극적으로 보여주고 있기 때문이다. 훌륭한 스승들의 가르침이 녹아있는 선어록(禪語錄)에는 법문과 구도기, 선문답 등이 들어있는데, 이 가운데 가장 눈길을 끄는 동시에 가르침의 정수를 담은 것이 선문답(禪問答)이라 할 수 있다. 선문답은 옛날 고덕(高德), 선사들이 학인(學人 : 수행자)을 깨닫게 하는 언행(말, 고함치기, 몽둥이질 등)일 뿐만 아니라 그 언행 자체에 깊은 진리와 지혜가 응결되어 있어, 말끝에 단박 깨닫지 못한다 하더라도 긴 여운을 남기는 깨달음의 씨앗이 된다.

그래서 이러한 선문답은 수행자의 이정표가 됨은 물론, 일반인들이 인생을 살아가는 좌우명으로 삼을만한 묘리(妙理)를 담고 있다. 선문답 가운데는, 온갖 이론이나 망념을 내려놓고 자기를 돌이켜 보면 문득, 수긍이 가고 깨달음의 기연이 될만한 보석같은 언구(言口)들이 가득한 최고의 수행지침임을 알 수 있다. 그래서 옛 선사들은 수시로 법문을 통해 선어록을 강의하며 공안에 대한 독자적인 견해와 평을 제시하고 제자들의 안목을 키워주었던 것이다.

예로부터 선사들의 한 마디 언행은 '직지인심 견성성불(直指人心見性成佛 : 바로 마음을 가리켜서 단박에 성품을 깨달아 부처가 되게 한다)' 이 가능하도록 인도하는 살아있는 법문이었다. 말끝에 단박 깨달으면 언하(言下)에 대오(大悟)할 것이요, 깨닫지 못한다면 화두가 되는 것이다.

이 책은 선문답이 수행과 동떨어진 동문서답(東問西答)이 아니라, 오히려 수행의 지름길을 제시하고 있음을 드러내고자 하였다. 특히 영흥 스님의 선문답과 선화(禪話)는 중국 선종의 언어를 답습하지 않은 한국적인 선문답의 전형을 제시하고 있어, 우리에게는 더욱 가슴에 다가오는 가르침이 될 것이다. 경봉, 전강, 춘성, 혜암, 서옹, 향곡, 숭산 선사를 비롯한 근·현대 선사 30여 분과의 생생한 법거량은 불법(佛法)이 어떻게 현실 속에서 깨달음의 삶으로 적용될 수 있는지를 여실하게 보여준다. 한국을 대표하는 고승들의 천둥과 벼락 같은 살아있는 선문답이 수행자의 안목을 높여주고 단박 깨닫는 기연(機緣)으로 이끌어주는 계기가 되리라 믿어 의심치 않는다.

이 선어록의 주인공인 영홍 스님은 무차선(無遮禪 : 차별없이 법을 거량함) 대회와 '참사람[無位眞人] 운동'으로 선의 대중화와 국제화에 크게 기여한 서옹(西翁, 1912~2003) 대종사의 인가(認可)를 받은 숨은 도인이다. 출가한지 40여년의 세월동안 결제철에는 제방선원에서 안거하고 해제철에는 깨달음의 빛을 감추고 세속에서 교화를 펼치는 화광동진(和光同塵)의 삶을 살아왔다.

소리 소문없이 수좌스님들과 재가 수행자들의 참선을 지도해 온 영홍 스님을 뵌 것은 4년 전인 2003년. 필자는 한 출판사에서 스님을 우연히 뵙고 평소 의문나던 선(禪)에 관한 질문들을 쏟아낸 후 공주 금강변, 조계사, 찻집 등에서 수시로 법문을 듣기도 했다. 참선과 보살행을 몸소 실천하는 영홍 스님의 가르침을 통해 이름 없는 작은 암자에서 묵묵히 도를 닦는 스님들이 적지 않음을 알게 되었고, 상구보리(上求菩提)와 하화중생(下化衆生)이 결코 둘이 아닌 공부임을 실감하게 되었다.

21세에 망월사에서 우연히 친견한 춘성 선사의 벽력같은 고함소리에 자성(自性)을 깨달은 영홍 스님은 1974년 백양사에서 서옹 스님을 은사로 수계득도한 뒤 청담, 벽초, 혜암, 전강, 경봉, 향곡, 구산, 고암, 월산, 서암, 성수 스님 등 당대의 선지식들을 참문해 법거량을 했다. 이 책은 현대 고승들과의 불꽃 튀는 법거량과 함께 영흥스님의 오도(悟道) 체험 등 구도기(求道記)가 1인칭 화법으로 서술되어 있다. 아울러 참선 입문자나 재가 수행자들이 선(禪)에 대한 바른 안목을 가질 수 있도록 스님의 선법문과 선시(禪詩)도 수록해 놓았다.

선문답은 간화선 수행자들이 화두(話頭)로 삼을 만큼 일반 불자들에게는 난해한 것이 일반적이다. 이 책에 등장하는 선문답 역시 대부분 알음알이와 이론으로는 접근이 불가하지만, 선(禪)에 관심 있는 독자들을 위해 가능한 한도 내에서 공안(公案)의 출처와 숨은 배경을 사족(蛇足)을 통해 달아놓았다. 혹, 얼토당토 않은 사족이 보인다면 이는 전적으로 엮은이의 눈이 어두운 탓이다. 대덕, 큰스님들의 아낌없는 채찍질을 기대한다.

삼세의 모든 부처님과 역대 조사, 대덕(大德)님들, 이 선어록이 세상에 빛을 보도록 출판을 허락해 주신 영흥 스님과 오세룡 클리어마인드 사장님이하 직원분들께 깊이 감사드린다. 아울러 인연닿은 도반님들의 바다와 같은 은혜에 엎드려 절하면서, 더욱 정진하여 부처님 가르침대로 회향하며 살 것을 서원한다.

2007년 5월 부천 원미산(遠美山) 무무당(無無堂)에서

푸른바다(蒼海) 김성우(金聖祐) 두손모음

글 싣는 순서

제 1부. 무엇이 깨달음인가?

제 2부. 영흥 선사의 구도기와 선문답

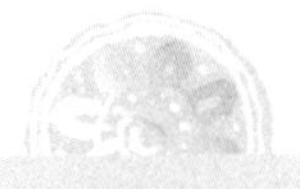

글 싣는 순서

무엇이 깨달음인가?

나입니다。 바로 나입니다。 그대로 나입니다。
이대로 나입니다。 언제나 나입니다。
무엇이든 나입니다。

나

나(我와 無我를 초월한 '참나'를 말함)는 참으로 위대하고 거룩합니다. 하늘 위나 하늘 아래, 나보다 더 소중하고 귀한 것은 없습니다.

부처님이나 하느님이나 그 어떤 절대자도, 그 어떤 신도, 그 어떤 권력자도, 권속도, 물질도, 그 어떤 종교도, 과학도, 철학도, 학문도, 예술도, 경제도, 정치도, 사상도, 이념도, 이상도, 이승도, 저승도, 지옥도, 천국도, 사바(娑婆: 괴로움이 많은 인간 세계)도, 극락도, 그 어떤 문명 · 문화도 나를 능가할 수 없습니다.

나는 곧 진리요, 빛이요, 감로요, 세상이요, 우주요, 법계요, 주인이요, 창조주입니다.

나는 생멸(生滅: 나고 죽는 것)이 아닙니다.
그래서 생멸을 홍대로(홍이 나는 이대로) 자유자재로 누립니다.
나는 색공(色空: 물질과 마음)이 아닙니다.
그래서 색공을 홍대로 자유자재로 누립니다.
나는 시공(時空 : 시간과 공간)이 아닙니다.

그래서 시공을 홍대로 자유자재로 누립니다.

나는 시종(始終 : 처음과 끝)이 아닙니다.

그래서 시종을 홍대로 자유자재로 누립니다.

나는 유무(有無 : 있음과 없음)가 아닙니다.

그래서 유무를 홍대로 자유자재로 누립니다.

나는 대상이 아닙니다.

그래서 대상을 홍대로 자유자재로 누립니다.

나는 마음도 몸도 아닙니다.

그래서 마음도 몸도 홍대로 자유자재로 누립니다.

나는 정신도 물질도 아닙니다.

그래서 정신도 물질도 홍대로 자유자재로 누립니다.

나는 이름도 빛깔도 아닙니다.

그래서 이름도 빛깔도 홍대로 자유자재로 누립니다.

나는 부분과 전체가 아닙니다.

그래서 부분과 전체를 홍대로 자유자재로 누립니다.

나는 더하고 덜함이 아닙니다.

그래서 더하고 덜함을 홍대로 자유자재로 누립니다.

나는 얻고 구함이 아닙니다.

그래서 얻고 구함을 홍대로 자유자재로 누립니다.

나는 맺고 품음이 아닙니다.

그래서 맺고 품음을 홍대로 자유자재로 누립니다.

나는 이승도 저승도 아닙니다.

그래서 이승도 저승도 흥대로 자유자재로 누립니다.

나는 지옥도 천국도 아닙니다.

그래서 지옥도 천국도 흥대로 자유자재로 누립니다.

나는 사바도 극락도 아닙니다.

그래서 사바도 극락도 흥대로 자유자재로 누립니다.

나는 중생도 부처도 아닙니다.

그래서 중생도 부처도 흥대로 자유자재로 누립니다.

나는 미함도 깨침도 아닙니다.

그래서 미함도 깨침도 흥대로 자유자재로 누립니다.

나는 밝음도 어둠도 아닙니다.

그래서 밝음도 어둠도 흥대로 자유자재로 누립니다.

나는 무명업식(無明業識)이 아닙니다.

그래서 무명업식을 흥대로 자유자재로 누립니다.

나는 진여실상(眞如實相 : 진리의 여실한 있는 그대로의 참모습)이 아닙니다.

그래서 진여실상을 흥대로 자유자재로 누립니다.

나는 번뇌망상(煩惱妄想)이 아닙니다.

그래서 번뇌망상을 흥대로 자유자재로 누립니다.

나는 삼매해탈이 아닙니다.

그래서 삼매해탈을 흥대로 자유자재로 누립니다.

나는 생주이멸이 아닙니다.

그래서 생주이멸(生住異滅: 모든 사물이 생기고, 머물고, 변화하고, 소멸하는 네 가지 현상)을 흥대로 자유자재로 누립니다.

나는 상주상락(常住常樂 : 항상 머물며 항상 즐거움)이 아닙니다.

그래서 상주상락을 흥대로 자유자재로 누립니다.

나는 생로병사가 아닙니다.

그래서 생로병사를 흥대로 자유자재로 누립니다.

나는 무여열반(無餘涅槃 : 모든 번뇌를 끊고 분별의 지혜를 떠나 몸까지 없애고 적정(寂靜)에 돌아간 경지)이 아닙니다.

그래서 무여열반을 흥대로 자유자재로 누립니다.

나는 육도윤회(六道輪廻 : 선악의 응보(應報)에 따라 육도를 돌고 도는 일)가 아닙니다.

그래서 육도윤회를 흥대로 자유자재로 누립니다.

나는 성주괴공(成住壞空 : 우주 만물이 탄생, 존속, 파괴, 사멸을 반복하며 끊없이 변화는 것)이 아닙니다.

그래서 성주괴공을 흥대로 자유자재로 누립니다.

나는 여여부동(如如不動 : 모양에 집착하지 않고, 항상 여여하여 동요가 없는 것)이 아닙니다.

그래서 여여부동을 흥대로 자유자재로 누립니다.

나는 그래서 언제나 지금 이대로

일체를 초월하지 않고 초월했습니다.

나는 그래서 언제나 지금 이대로
일체에 얽매이지 않는 자유입니다.
나는 그래서 언제나 지금 이대로
일체에 머물지 않는 평화입니다.
나는 그래서 언제나 지금 이대로
일체에 물들지[汚染] 않는 행복입니다.
나는 그래서 언제나 지금 이대로
일체를 버림이 없는 자비입니다.
나는 그래서 언제나 지금 이대로
홍대로 자유자재로 일체를 이룹니다.
나는 그래서 언제나 지금 이대로
홍대로 자유자재로 일체를 씁니다.
나는 그래서 언제나 지금 이대로
홍대로 자유자재로 일체를 누립니다.
나는 언제나 지금 이대로
홍대로 자유자재한 불생불멸의 무한생명의 절대 실체요,
나는 언제나 지금 이대로 홍대로 자유자재한
억조창생(億兆蒼生 : 매우 많은 수의 중생)의 무한생명의 절대 실용이요
나는 언제나 지금 이대로 홍대로 자유자재한
무시무종(無始無終 : 시작도 끝도 없는)의 무한생명의 절대 법계요
나는 언제나 지금 이대로 홍대로 자유자재한

불구부정(不垢不淨 : 더러움도 깨끗함도 아닌)의 무한생명의 절대 정토(淨土 : 청정한 국토인 극락)요

나는 언제나 지금 이대로 흥대로 자유자재한 부증불감(不增不減 : 늘지도 줄지도 않는)의 무한생명의 절대 안락이요

나는 언제나 지금 이대로 흥대로 자유자재한 색즉시공(色卽是空 : 물질적 존재는 모두 인연에 따라 만들어진 것으로서 불변하는 고유의 존재성이 없다는 것)의 무한생명의 절대 구현이요

나는 언제나 지금 이대로 흥대로 자유자재한

공즉시색(空卽是色 : 만물의 본성인 공이 연속적인 인연에 의해 임시로 다양한 만물로서 존재한다는 것)의 무한생명의 절대 실현이요

나는 언제나 지금 이대로 흥대로 자유자재한 쌍차쌍조(雙遮雙照 : 선과 악, 있음과 없음, 괴로움과 즐거움 등 상극하는 양변을 모두 버려야만 서로 소통할 수 있다는 이치)의 무한생명의 절대 진여요

나는 언제나 지금 이대로 흥대로 자유자재한 항사묘용(恒沙妙用 : 갠지스 강의 모래처럼 무한한 묘한 작용)의 무한생명의 절대 실상이요

나는 언제나 지금 이대로 흥대로 자유자재한 중도무위(中道無爲 : 중도와 인위적인 조작이 없음)의 무한생명의 절대 진인이요

나는 언제나 지금 이대로 흥대로 자유자재한 육도상락(六道常樂 : 육도윤회를 하더라도 항상 즐거운)의 무한생명의 절대 중생이요

나는 언제나 지금 이대로 흥대로 자유자재로 청풍명월(淸風明月 : 맑은 바람과 밝은 달 같은 마음)의 무한생명의 절대 부처요

나는 언제나 지금 이대로 흥대로 자유자재한 본불본락(本佛本樂 : 본래 부처로서의 근원적인 즐거움)의 무한생명의 절대 스스로 나입니다.

나는 언제나 지금 이대로 흥대로 자유자재한 스스로

여러분과 꼭 맞게 홀로 서로 열려 있습니다.

나는 언제나 지금 이대로 흥대로 자유자재한 스스로

여러분과 꼭 맞게 홀로 서로 드러나 있습니다.

나는 언제나 지금 이대로 흥대로 자유자재한 스스로

여러분과 꼭 맞게 홀로 서로 쓰고 있습니다.

나는 언제나 지금 이대로 흥대로 자유자재한 스스로

여러분과 꼭 맞게 홀로 서로 누리고 있습니다.

나는 언제나 지금 이대로 흥대로 자유자재한 스스로

여러분과 꼭 맞게 홀로 서로 상주법계(常住法界 : 항상 머물러 있는 법의 세계, 불생불멸하는 우주)요

나는 언제나 지금 이대로 흥대로 자유자재한 스스로

여러분과 꼭 맞게 홀로 서로 상주상락(常住常樂)이요

나는 언제나 지금 이대로 흥대로 자유자재한 스스로

여러분과 꼭 맞게 홀로 서로 상락아정(常樂我淨 : 열반의 세계는 절대 영원하고 즐겁고 자재(自在)한 참나가 확립되어 있으며 청정함)이요

나는 언제나 지금 이대로 흥대로 자유자재한 스스로

여러분과 꼭 맞게 홀로 서로 본래면목(本來面目 : 중생이 본디 지니고 있는 순수한 심성인 불성)이요

나는 언제나 지금 이대로 흥대로 자유자재한 스스로
여러분과 꼭 맞게 홀로 서로 영원한 주인입니다.
하!

이제 여러분 알겠습니까?
하!

필경 어떤 것이 정녕 나입니까?

동쪽 하늘에 해와 달을 쌍으로 띄우고
온 세상 뜨락마다 산호(珊瑚 : 자포동물 산호충강의 산호류)열매, 계수(桂樹 : 계수나뭇과의 낙엽 활엽 교목)열매 끝없이 뿌립니다.
하!

각(覺)

각(覺 : 깨달음)이란?
나입니다. 바로 나입니다. 그대로 나입니다.
이대로 나입니다. 언제나 나입니다.
무엇이든 나입니다.
우리 모두 똑같이 스스로 나입니다.
우리 모두 똑같이 스스로 바로 나입니다.
우리 모두 똑같이 스스로 그대로 나입니다.
우리 모두 똑같이 스스로 이대로 나입니다.
우리 모두 똑같이 스스로 언제나 나입니다.
우리 모두 똑같이 스스로 무엇이든 나입니다.

각이란?
나와 우리 모두의 똑같이 스스로 실체(實體)입니다.
나와 우리 모두의 똑같이 스스로 실용(實用)입니다.
나와 우리 모두의 똑같이 스스로 진여입니다.

나와 우리 모두의 똑같이 스스로 실상(實相 : 모든 것의 있는 그대로의 참모습)입니다.

나와 우리 모두의 똑같이 스스로 실현(實現)입니다.

나와 우리 모두의 똑같이 스스로 실참(實參 : 실제적인 참구)입니다.

나와 우리 모두의 똑같이 스스로 실행입니다.

나와 우리 모두의 똑같이 스스로 세상입니다.

나와 우리 모두의 똑같이 스스로 우주입니다.

나와 우리 모두의 똑같이 스스로 법계입니다.

나와 우리 모두의 똑같이 스스로 주인입니다.

나와 우리 모두의 똑같이 스스로 빛입니다.

나와 우리 모두의 똑같이 스스로 감로(甘露 : 한 방울만 먹어도 온갖 번뇌와 고통이 사라지는 단 이슬)입니다.

나와 우리 모두의 똑같이 스스로 보배입니다.

나와 우리 모두의 똑같이 스스로 풍요입니다.

나와 우리 모두의 똑같이 스스로 자유입니다.

나와 우리 모두의 똑같이 스스로 평화입니다.

나와 우리 모두의 똑같이 스스로 행복입니다.

나와 우리 모두의 똑같이 스스로 자비입니다.

나와 우리 모두의 똑같이 스스로 생명입니다.

나와 우리 모두의 똑같이 스스로 실존(實存)입니다.

나와 우리 모두의 똑같이 스스로 본각(本覺 : 중생이 본래부터 가진 깨달음)입니다.

삼라만상 온 전체로 낱낱이 제 생명, 제 모습, 제 이름대로 각 아님이 없습니다.

우리 모두의 스스로 나인 각은 우리 모두 스스로 다함께 안팎으로 한 터럭도 서로 차이가 없이 열려 있습니다. 드러나 있습니다. 쓰고 있습니다. 누리고 있습니다.

우리 모두의 스스로 나인 각은 서로 함께 무한히 청정무구(淸淨無垢)하게, 무한히 원융무애(圓融無碍)하게, 무한히 자유자재하게, 무한히 활발자재하게, 무한히 풍요진진(豊饒津津: 풍요롭고 풍성함)하게, 무한히 여여부동하게, 무한히 성성적적(惺惺寂寂: 또렷또렷하고 고요고요함)하게, 무한히 명암동시(明暗同時 : 밝음과 어둠이 동시에)하게, 무한히 쌍차쌍조하게, 무한히 확철명백(確徹明白)하게, 무한히 항사묘용하게, 언제나 지금 이대로 평상심(平常心)을 초월한 평상심으로, 평상심을 초월하지 않는 평상심으로, 무한한 생명력으로, 무한한 주인으로, 무한한 창조주로, 무한한 진리로, 무한한 빛으로, 무한한 감로로, 무한한 보배로, 무한한 양식으로, 무한한 풍요로, 무한한 자유로, 무한한 평화로, 무한한 행복으로, 무한한 사랑으로, 무한한 자비로, 무궁무진하게 열려있고, 드러나 있고, 쓰고 있고, 누리고 있습니다.

우리 모두의 스스로 나인 각은

생멸 없이 생멸을 홍대로 자유자재로 차조동시(遮照同時)[1]요

생사 없이 생사를 홍대로 자유자재로 차조동시요

시공 없이 시공을 홍대로 자유자재로 차조동시요

시종(始終) 없이 시종을 홍대로 자유자재로 차조동시요

색공(色空) 없이 색공을 홍대로 자유자재로 차조동시요

유무(有無) 없이 유무를 홍대로 자유자재로 차조동시요

미오(迷悟 : 미혹과 깨침) 없이 미오를 홍대로 자유자재로 차조동시요

명암(明暗) 없이 명암을 홍대로 자유자재로 차조동시입니다.

---

1) 차조동시(遮照同時) : 일체 차별 망견과 양변을 다 버리는 것을 쌍차(雙遮)라 하고, 모든 양변을 버려서 모든 양변이 융합하여 중도원리가 드러나는 것을 쌍조(雙照)라 한다. 쌍차, 즉 양변을 버리고 나니 쌍조, 즉 양변이 서로 융합하지 않을래야 않을 수 없다. 동시에 쌍조, 즉 양변을 완전히 융합하니 쌍차, 즉 양변을 버리지 않을래야 않을 수 없다. 진공(眞空)이 쌍차이며 묘유(妙有)가 쌍조이니, 진공묘유를 바로 알면 공과 있음이 서로 융통하여 진공이 곧 묘유요, 묘유가 곧 진공이 된다. 진공을 내놓고 따로 묘유가 없으며 묘유를 내놓고 따로 진공이 없으니, 이것을 차조동시(遮照同時)라 한다. 쌍차가 즉 쌍조요, 쌍조가 즉 쌍차이며, 쌍차하고 쌍조해서 차조동시가 되는 것이 중도의 논리이다.

우리 모두의 스스로 나인 각은
언제나 지금 이대로 온 전체로 낱낱이 차조동시로 누림이요
언제나 지금 이대로 낱낱이 온 전체로 차조동시로 누림이요
언제나 지금 이대로 무명이면서 진여로 차조동시로 누림이요
언제나 지금 이대로 진여이면서 무명으로 차조동시로 누림이요
언제나 지금 이대로 번뇌이면서 해탈로 차조동시로 누림이요
언제나 지금 이대로 해탈이면서 번뇌로 차조동시로 누림이요
언제나 지금 이대로 생사이면서 열반으로 차조동시로 누림이요
언제나 지금 이대로 열반이면서 생사로 차조동시로 누림이요
언제나 지금 이대로 이승이면서 저승으로 차조동시로 누림이요
언제나 지금 이대로 저승이면서 이승으로 차조동시 누림이요
언제나 지금 이대로 사바이면서 극락으로 차조동시로 누림이요
언제나 지금 이대로 극락이면서 사바로 차조동시로 누림이요
언제나 지금 이대로 중생이면서 부처로 차조동시로 누림이요
언제나 지금 이대로 부처이면서 중생으로 차조동시로 누림이요

우리 모두의 스스로 나인 각은
언제나 지금 이대로 꿈속에서도 차조동시로 깨어있고,
언제나 지금 이대로 잠 속에서도 차조동시로 깨어있고,
언제나 지금 이대로 생시에서도 차조동시로 깨어있고,
언제나 지금 이대로 의식에서도 차조동시로 깨어있고,

언제나 지금 이대로 잠재의식에서도 차조동시로 깨어있고,
언제나 지금 이대로 무의식에서도 차조동시로 깨어있습니다.

서로 함께 우리 모두의 스스로 나인 각은
언제나 지금 이대로 각이며
언제나 지금 이대로 '처음 각(始覺 : 한 개인이 깨달음을 이루는 것)'이며
언제나 지금 이대로 구경각(究竟覺 : 보살의 수행이 원만하여 궁극적이고 완전한 깨달음을 얻어 부처가 되는 경지)입니다.
처음 각이 구경각이며 언제나 지금 이대로 각이며
구경각이 처음 각으로 언제나 지금 이대로 각이며
언제나 지금 이대로 각이 처음 각이며, 구경각입니다.[2)]

---

2) 『원각경』에는 '언제나 지금 이대로 각' 임을 이렇게 설하고 있다. "선남자야! 일체 장애가 곧 구경각이니, 바른 생각을 얻거나 잃거나 해탈 아닌 것이 없으며, 이루어지는 법과 파양(破壞)되는 법이 모두가 열반이며, 지혜와 어리석음이 통틀어 반야이며, 보살이나 외도가 성취한 법이 모두 보리이며, 무명과 진여가 딴 경계가 아니며, 계 · 정 · 혜와 음란함(淫) 성냄(怒) 어리석음(痴)이 모두 청정한 범행이며 중생과 국토가 동일한 법성이며, 지옥과 천궁이 모두가 정토이며, 성품 있는 이나 없는 이가 똑같이 불도를 이루며, 일체 번뇌가 마침내 해탈이며, 법계에 두루 하는 지혜로써 모든 현상을 굽어보는 것이 마치 허공의 꽃 같나니, 이것은 여래가 원각의 성품에 수순하는 것이라 하느니라."

서로 함께 우리 모두의 스스로 나인 각은
언제나 지금 이대로 각을 초월한 언제나 지금 이대로 각이며
처음 각을 초월한 처음 각이며
구경각을 초월한 구경각인 본각입니다.

서로 함께 우리 모두의 스스로 나인 각은
언제나 지금 이대로 돈오돈수(頓悟頓修 : 단박 깨쳐 단박에 닦는다)와 돈오점수(頓悟漸修 : 단박 깨친 후에 점차 닦는다)를 초월한 언제나 지금 이대로 돈오돈수입니다.

돈오돈수란 돈오돈수를 초월해야만 진정한 돈오돈수입니다.

돈오돈수란 처음 각이며 구경각입니다.

돈오돈수란 처음 각도 초월한 처음 각의 돈오돈수입니다.

돈오돈수란 구경각도 초월한 구경각의 돈오돈수입니다.

돈오돈수란 처음 각이며, 구경각이며, 견성이며, 성불이며, 본불(本佛)이며, 자성(自性)이요 참자성이며, 불성(佛性)이며 참 불성이요, 부처이며 참 부처요, 나요 참나요, 우리요 참 우리요, 모두요 참 모두인 본각입니다.

서로 함께 우리 모두의 스스로 나인 각은 언제나 지금 이대로 무한히 열려 있고 드러나 있고 쓰고 있고 누리고 있습니다.

그래서 우리는 필연적으로 영원히 이것을 끝없이 지켜야 하고 써

야 하고 누려야 합니다.

본래부터 무한히, 영원히 우리의 절대적인 나의 본 나요, 본 바탕이요, 본 영혼이요, 본 마음이요, 본 생각이요, 본 몸이요, 본 빛깔이요, 본 모습이요, 본 이름이요, 본 생명이요, 본 삶이요, 본 세상이요, 본 세계요, 본 우주요, 본 법계요, 본 진리요, 본 행복인 본 자비의 본행(本行)의 끝없이 완전무결한 실참실행(實參實行)의 나이기 때문입니다.

그래서 언제나 지금 이대로 온 전체로 낱낱이 한 터럭도 차이 없이 낱낱이 온 전체로 꾸밈없이 안팎으로 꼭 맞게 시작도 끝도 없이 차조동시 쌍차쌍조로 영겁불퇴전(永劫不退轉 : 영원히 물러남이 없는)의 신심으로, 복혜쌍수(福慧雙修 : 지혜와 복덕을 함께 닦는다)로 돈오점수와 돈오돈수를 초월한 돈오점수와 돈오돈수를 한바탕으로 함이 없는 함으로 정진해야 합니다. 각 해야 합니다. 보림(保任 : 깨달은 뒤의 보호하고 지켜가는 공부)해야 합니다. 부처행을 해야 합니다.

궁극적으로 석가모니 부처님같이 80종호(八十種好 : 부처님의 80가지 훌륭한 신체적 특징) 32상(三十二相 : 전생에 쌓은 공덕이 32가지 신체적인 특징으로 나타난 것)과 육신통(六神通 : 천안통, 천이통, 타심통, 숙명통, 신족통, 누진통의 여섯 가지 신통력)과 본래 각(覺) 자리를 갖추고 다 이루었다 하더라도 항상 깨어있는 각(覺)으로 정진하지 않으면 언제 다시 미(迷)할 수밖에 없기 때문입니다.

왜냐하면 우리의 본래 바탕은 언제나 지금 이대로 무명이면서 그대로 진여요, 그대로 진여이면서 무명이라, 그대로 중생이면서 부처요, 그대로 부처이면서 중생이라, 미하고 깨침이 항상 같이 하기 때문에 미하고 깨침을 한바탕으로 초월한 항상 깨어있는 각으로, 첫째도 정진, 둘째도 정진, 셋째도 정진 또 정진 계속 오로지 정진일 수 밖에 없습니다.

그래서 항상 각과 정진과 보림과 부처행이 안팎으로, 한바탕으로 꼭 맞아서 본래의 일체중생과 본래의 일체부처가 안팎으로 한 터럭도 차이 없이 꼭 맞아서 다함께 똑같이 본래대로 본 생명이요, 본 창조주요, 본 진리요, 본 법계로 무한히 본불본락(本佛本樂), 본불진락(本佛眞樂), 본불무애(本佛無碍), 본불자재(本佛自在), 본불원융(本佛圓融), 본불성적(本佛惺寂), 본불차조(本佛遮照), 본불광명(本佛光明), 본불보조(本佛普照), 본불활발(本佛活潑), 본불묘용(本佛妙用), 본불풍요(本佛豊饒), 본불행복(本佛幸福), 본불중도(本佛中道)의 본불자비(本佛慈悲)를 누립니다.

하!

이제 여러분 알겠습니까?

하!

필경 어떤 것이 정녕 본각인 각입니까?

낮에는 꽃을 심고 꽃을 가리키고

밤에는 마니주(摩尼珠 : 뭐든 내 마음대로 된다는 여의주, 마음의 위대하고 불가사의한 공능(攻能)을 상징한다) 뿌리고 마니주 굴립니다.

하!

선(禪)

선(禪)이란?
내가 바로 선입니다.
내가 바로 각입니다.
내가 바로 나입니다.

선(禪)이란?
우리 모두의 내가 바로 선입니다.
우리 모두의 내가 바로 각입니다.
우리 모두의 내가 바로 나입니다.

선(禪)이란?
우리 모두의 선과 각과 내가 서로 함께 차별이 없습니다.
우리 모두의 선과 각과 내가 서로 함께 원융합니다.
우리 모두의 선과 각과 내가 서로 함께 무한합니다.

선(禪)이란?
우리 모두의 실존적 생명이요
우리 모두의 실존적 실체요
우리 모두의 실존적 실용입니다.

선(禪)이란?
우리 모두의 실존적 자유요
우리 모두의 실존적 평화요
우리 모두의 실존적 행복입니다.

선(禪)이란?
우리 모두의 실존적 빛이요
우리 모두의 실존적 감로요
우리 모두의 실존적 자비입니다.

선(禪)이란?
우리 모두의 실존적 세상이요
우리 모두의 실존적 우주요
우리 모두의 실존적 법계입니다.

선(禪)이란?

우리 모두의 실존적 동정일여(動靜一如 : 움직임과 고요함이 한결같음)의 쌍차쌍조요

우리 모두의 실존적 몽중일여(夢中一如 : 꿈속에서도 한결같음)의 쌍차쌍조요

우리 모두의 실존적 숙면일여(熟眠一如 : 깊이 잠들어도 한결같음)의 쌍차쌍조요

우리 모두의 실존적 타성일여(打成一如 : 천만 가지 생각이 한결같음)의 쌍차쌍조요

우리 모두의 실존적 오매일여(寤寐一如 : 자나 깨나 한결같음)의 쌍차쌍조요

우리 모두의 실존적 생사일여(生死一如 : 나고 죽음에 한결같음)의 쌍차쌍조요

우리 모두의 실존적 입태일여(入胎一如 : 다시 태어나도 한결같음)의 쌍차쌍조요

우리 모두의 실존적 윤회일여(輪廻一如 : 육도윤회 속에서도 한결같음)의 쌍차쌍조요

우리 모두의 실존적 만행일여(萬行一如: 만가지 행위에도 한결같음)의 쌍차쌍조입니다.

선(禪)이란?

우리 모두의 실존적 무아(無我)[3] 유아(有我)의 쌍차쌍조요
우리 모두의 실존적 무심(無心)[4] 유심(有心)의 쌍차쌍조요
우리 모두의 실존적 무념(無念)[5] 유념(有念)의 쌍차쌍조요
우리 모두의 실존적 무주(無住)[6] 유주(有住)의 쌍차쌍조요
우리 모두의 실존적 무상(無相)[7] 유상(有相)의 쌍차쌍조입니다.

---

3) 일체의 존재는 모두 무상하여 '나'라고 할 만한 것이 없다는 것.

4) 모든 번뇌망상 속에서 생활하는 것을 중생이라 하고 일체의 망상을 떠난 것을 부처라고 한다. 모든 망상을 떠났으므로 망심이 없는데 이것을 무심(無心)이라고 하고 무념(無念)이라고도 한다. 참다운 무심은 제8아뢰야 근본무명까지 완전히 끊은 구경각(究竟覺) 즉 묘각(妙覺)만이 참다운 무심이다. 무심이라고 해서 바위처럼 아무 생각이 없는 것이 아니고 일체 망상이 다 떨어진 동시에 대지혜 광명이 나타나는 것을 말한다.

5) 육조 스님은 『육조단경』에서 "내 이 법문은 위로부터 내려오면서 먼저 무념(無念)을 세워 종(宗)을 삼고, 무상(無相)으로 체(體)를 삼고, 무주(無住)로 본(本)을 삼았다."라고 하면서 무념을 이렇게 설명했다. "모든 대상에 마음이 물들지 않으면 이것이 무념이니, 제 생각에 항상 모든 대상을 떠나서 대상에 마음을 내지 말 것이다. 그러나 만약 아무것도 생각하지 않고 모든 생각을 아주 없애버리면, 한 생각이 끊어지면서 곧 죽어 딴 곳에 태어나니, 이것은 큰 착오이므로 배우는 사람은 명심해야 한다."

6) 육조 스님은 또한 무주(無住)를 이렇게 설했다. "무주란 사람의 본성이 선하거나 악하거나 밉거나 원수거나 간에, 서로 말을 주고 받거나 좋지 못한 수작을 걸어 오더라도 모두 헛 것으로 돌려대들거나 해칠 것을 생각하지 않는 것이다. 생각과 생각 사이에 지난 경계를 생각하지 말라. 만약 지난 생각과 지금 생각과 뒷 생각이 잇따라 끊어지지 않으면 이것이 얽매임이다. 모든 존재에 생각이 머물지 않으면 곧 얽매임이 없는 것이니, 무주로써 근본을 삼음이다."

7) 육조 스님은 "밖으로 모든 상(相)을 떠나면 이것이 무상(無相)이니, 상에서 떠나기만 하면 곧 법체(法體)가 청정하므로 무상으로 체를 삼은 것이다."라 하였다.

선(禪)이란?

우리 모두의 실존적 무명업식을 진여실상으로 쌍차쌍조요

우리 모두의 실존적 번뇌망상을 삼매해탈로 쌍차쌍조요

우리 모두의 실존적 생주이멸을 상주상락으로 쌍차쌍조요

우리 모두의 실존적 생로병사를 무여열반으로 쌍차쌍조요

우리 모두의 실존적 육도윤회를 상락아정으로 쌍차쌍조요

우리 모두의 실존적 성주괴공을 여여부동으로 쌍차쌍조입니다.

선(禪)이란?

우리 모두의 실존적 어묵동정(語默動靜 : 말하고 침묵하거나 움직이거나 고요함)의 쌍차쌍조요

우리 모두의 실존적 행주좌와(行住坐臥 : 걷고 머물고 앉고 누움)의 쌍차쌍조요

우리 모두의 실존적 만사만행(萬事萬行 : 만가지 일과 행위)의 쌍차쌍조요

우리 모두의 실존적 성성적적(惺惺寂寂 : 또렷하고 고요한 마음 상태)의 쌍차쌍조요

우리 모두의 실존적 자성체용(自性體用 : 자성의 체와 용)의 쌍차쌍조요

우리 모두의 실존적 중도실상(中道實相 : 일체가 상을 떠난 인생과 우주의 본래 생명의 실상자리)의 쌍차쌍조요

우리 모두의 실존적 평상순심(平常純心 : 헤아리고 따짐이 없는 순일한 마음)의 쌍차쌍조요

우리 모두의 실존적 중생부처의 쌍차쌍조요

우리 모두의 실존적 성불본불(成佛本佛)의 쌍차쌍조입니다.

선(禪)이란?

염불(念佛)도 선이요

주력(呪力 : 다라니(眞言)를 외우는 수행)도 선이요

사경(寫經 : 경을 베껴 쓰는 수행)도 선이요

간경(看經)도 선이요

교(教 : 교학)도 선이요

율(律 : 계율)도 선이요

논(論 : 불경을 해설한 논서)도 선이요

선도 선입니다.

선(禪)이란?

종교도 선이요, 과학도 선이요, 철학도 선이요, 학문도 선이요, 정치도 선이요, 경제도 선이요, 예술도 선이요, 체육도 선이요, 교육도 선이요, 직업도 선이요, 의식주도 선이요, 사상도 선이요, 이념도 선이요, 이상도 선이요, 희망도 선이요, 노력도 선이요, 성공도 선이요, 실패도 선이요, 부자도 선이요, 가난도 선이요, 합함도 선이요,

나눔도 선이요, 기쁨도 선이요, 슬픔도 선이요, 괴로움도 선이요, 즐거움도 선이요, 약도 선이요, 병도 선이요, 의술도 선이요, 건강도 선이요, 수명도 선이요, 노래도 선이요, 춤도 선이요, 그림도 선이요, 서예도 선이요, 글자도 선이요, 독서도 선이요, 간행도 선이요, 주는 것도 선이요, 받는 것도 선이요, 인정도 선이요, 우정도 선이요, 사랑도 선이요, 자비도 선이요, 옛도 선이요, 지금도 선이요, 훗날도 선이요, 시공도 선이요, 시종(始終)도 선이요, 문명 · 문화가 다 선이요, 삼라만상이 다 선(禪)입니다.

선(禪)이란?

영혼도 선이요, 마음도 선이요, 몸도 선이요, 정신도 선이요, 생각도 선이요, 뜻도 선이요, 말도 선이요, 행도 선이요, 육근 · 육진 · 육식(六根 六塵 六識)[8] 이 다 선이요, 삶도 선이요, 죽음도 선이요, 이승도 선이요, 저승도 선이요, 지옥도 선이요, 천국도 선이요, 사바도 선이요, 극락도 선이요, 육도가 다 선이요, 세간 · 출세간(世間 出世間)이 다 선이요, 하늘도 선이요, 땅도 선이요, 산도 선이요, 물도 선

---

8) 육근(六根)은 인식작용을 일으키는 눈, 귀, 코, 혀, 몸, 뜻의 여섯 가지 근원을 말한다. 육진(六塵)은 인식의 대상인 육경(六境)을 달리 이르는 말이다. 중생의 참된 마음을 더럽힌다는 의미를 담고 있다. 육식(六識)은 주관이 객관을 인식하는 여섯 가지 작용, 즉 안식(眼識), 이식(耳識), 비식(鼻識), 설식(舌識), 신식(身識), 의식(意識)을 말한다.

이요, 샘물도 선이요, 강물도 선이요, 바다도 선이요, 흙도 선이요, 소뿔도 선이요, 쇠붙이도 선이요, 돌도 선이요, 바위도 선이요, 깨어진 기왓장도 선이요, 깨어진 유리조각도 선이요, 빈 종이 조각도 선이요, 해와 달、별도 선이요, 천둥 · 번개 · 벼락도 선이요, 이슬도 선이요, 눈 · 서리 · 구름 · 안개 · 비도 선이요, 낙엽도 선이요, 비석도 선이요, 봄 여름 가을 겨울도 선이요, 낮과 밤도 선이요, 집 · 이웃마을 · 시장바닥 · 나라 · 세계가 다 선이요, 부모 · 형제 · 자매 · 질손 · 제형 · 숙백 · 일가친척이 다 선이요, 부부 연인 애인 친구 스승 제자 도반 남녀노소 범부 · 성인(凡夫聖人 : 범부와 성인)이 다 선이요, 태란습화(胎卵濕化)[9] 유정 · 무정(有情無情 : 생물과 무생물)이 다 선이요, 유주무주(有主無主 : 주인이 있거나 혹은 없는 영혼) 온 법계가 다 선입니다.

선(禪)이란?
온 마음으로 온 눈으로 선입니다.
온 몸이 온 눈으로 선입니다.

9) 태생(胎生)은 사람이나 말같이 태반 속에서 태어나는 것이고, 난생(卵生)은 새나 닭, 거위 등 알에서 태어난 것이고, 습생(濕生)은 물고기나 모기, 파리 등 습한 곳에서 태어난 것이고, 화생(化生)은 변화하는 것인데 매미나 잠자리 등이 해당된다.

온 세상이 온 눈으로 선입니다.

온 우주가 온 눈으로 선입니다.

온 법계가 온 눈으로 선입니다.

온 마음, 온 몸, 온 세상, 온 우주, 온 법계가 한바탕으로 온 전체로 낱낱이 홍대로 무한히 청정무구(淸淨無垢) 합니다.

선(禪)이란?

온 마음 청정무구하게 홍대로 무한히 충만합니다.

온 몸 청정무구하게 홍대로 무한히 충만합니다.

온 세상 청정무구하게 홍대로 무한히 충만합니다.

온 우주 청정무구하게 홍대로 무한히 충만합니다.

온 법계 청정무구하게 홍대로 무한히 충만합니다.

온 마음, 온 몸, 온 세상, 온 우주, 온 법계가 한바탕으로 온 전체로 낱낱이 청정무구하게 홍대로 무한히 충만합니다.

선(禪)이란?

탐진치(貪瞋癡 : 탐욕, 성냄, 어리석음)가 계정혜(戒定慧 : 계율, 선정, 지혜)로 선이요

오욕락(五欲樂 : 재물욕, 성욕, 음식욕, 명예욕, 수면욕 등의 즐거움)이 계정혜로 선이요

우비고(憂悲苦 : 근심, 슬픔, 고통)가 계정혜로 선이요

사성제(四聖諦)[10]가 계정혜로 선입니다.

선(禪)이란?

육바라밀(六波羅蜜)[11]이 다 선입니다.

팔정도(八正道)[12]가 다 선입니다.

팔만사천 법문(法門 : 설법을 법의 문이라 함)이 다 선입니다.

세간법, 출세간법(出世間法)이 다 선입니다.

---

10) 사성제는 영원히 변하지 않는 네 가지 성스러운 진리. 고제(苦諦), 집제(集諦), 멸제(滅諦), 도제(道諦)를 이른다. '고제'는 세상은 모두 고통이라는 진실로서의 고(苦)이며, '집제'는 그 고통을 일으키는 원인은 제행무상임을 부인하는 집착을 의미한다. '멸제'는 대자유를 얻는 진실된 방법인 집착을 멸함이며, '도제'는 대자유를 얻기 위한 실천방법으로서의 팔정도(八正道)를 말한다.

11) 육바라밀은 생사(生死)의 고해를 건너 열반(涅槃)의 피안에 이르는 여섯 가지 덕목(德目)이다. 보시(布施)바라밀은 널리 자비를 베푸는 행위이며, 지계(持戒)바라밀은 계율을 지키는 것이다. 인욕(忍辱)바라밀은 여러 가지로 참는 것이며, 정진(精進)바라밀은 항상 수행에 힘쓰고 게으르지 않는 것이다. 선정(禪定)바라밀은 마음을 고요하게 통일하는 것이고, 지혜(智慧)바라밀은 사악한 지혜와 나쁜 소견을 버리고 참 지혜를 얻는 실천덕목이다.

12) 팔정도는 중생이 고통의 원인인 탐(貪) 진(瞋) 치(痴)를 없애고 해탈하여 깨달음의 경지인 열반의 세계로 나아가기 위해서 실천수행해야 하는 8가지 방법이다. 고통을 소멸하는 참된 진리인 8가지 덕목은 ① 정견(正見) : 올바로 보는 것. ② 정사(正思惟) : 올바로 생각하는 것. ③ 정어(正語) : 올바로 말하는 것. ④ 정업(正業) : 올바로 행동하는 것. ⑤ 정명(正命) : 올바로 목숨을 유지하는 것. ⑥ 정근(正精進) : 올바로 부지런히 노력하는 것. ⑦ 정념(正念) : 올바로 기억하고 생각하는 것. ⑧ 정정(正定) : 올바로 마음을 안정하는 것이다.

선(禪)이란?
꽃비를 뿌리면서 만리의 파도가 되어
꽃비를 뿌리면서 만리의 파도를 일으키고
꽃비를 뿌리면서 만리의 파도를 타고
꽃비를 뿌리면서 만리의 파도를 즐깁니다.

선(禪)이란?
눈썹 털마다 해와 달을 굴리며 학을 날리고
발바닥마다 산과 물 펼치고 봉황을 거두며
시장바닥에 떡전을 열어 쾌지나 칭칭이요
골목마다 엿판을 두들기며 어야디야 상사디여 입니다.

선(禪)이란?
손에 손잡고 발에 발맞추고 하늘과 땅을 누리며 강강수월래요
손에 손잡고 발에 발맞추고 산과 물을 누리며 강강수월래요
손에 손잡고 발에 발맞추고 해와 달을 누리며 강강수월래요
손에 손잡고 발에 발맞추고 꽃과 열매를 누리며 강강수월래요
손에 손잡고 발에 발맞추고 너와 나를 누리며 강강수월래요
손에 손잡고 발에 발맞추고 우리 모두를 누리며 강강수월래요
손에 손잡고 발에 발맞추고 우리 자유를 누리며 강강수월래요
손에 손잡고 발에 발맞추고 우리 평화를 누리며 강강수월래요

손에 손잡고 발에 발맞추고 우리 행복을 누리며 강강수월래요
손에 손잡고 발에 발맞추고 우리 자비를 누리며 강강수월래요
손에 손잡고 발에 발맞추고 우리 승리를 누리며 강강수월래요
손에 손잡고 발에 발맞추고 우리 만세를 누리며 강강수월래요
손에 손잡고 발에 발맞추고 우리 영광을 누리며 강강수월래요

선(禪)이란?
울릉도 호박엿이요
울진 팥죽이요
전주 비빔밥이요
함흥 냉면입니다.

선(禪)이란?
조사선도 선이요
간화선도 선이요
여래선도 선입니다.

선(禪)이란?
우리 모두의 내가 나를 바로 보고
우리 모두의 내가 나를 바로 찾고
우리 모두의 내가 나를 바로 만나고

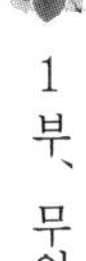

우리 모두의 내가 나를 바로 잡고
우리 모두의 내가 나를 바로 드러내고
우리 모두의 내가 나를 바로 지키고
우리 모두의 내가 나를 바로 열고
우리 모두의 내가 나를 바로 쓰고
우리 모두의 내가 나를 바로 펴고
우리 모두의 내가 나를 바로 누림입니다.

선(禪)이란?

보고, 찾고, 만나고, 잡고, 드러내고, 지키고, 열고, 쓰고, 펴고, 누림이 온 전체로 낱낱이 차별 없이 안팎으로 꼭 맞게 자유자재한 무한한 내 생명의 활발발한 바로 본 선입니다. 본각입니다. 본 나입니다.

선(禪)이란?

지금 이대로 우리 모두의 영원한 생명인 근원적 실존적 구경적 절대적으로 무한히 쌍차쌍조한 항사묘용의 평상심인 본 선을, 본각을, 본 나를 바로 누리는 것이 조사선입니다.

이를 누리고자 하는 것이 간화선입니다.

이를 함께 하고자 하는 것이 여래선입니다.

선(禪)이란?

조사선과 간화선과 여래선이 따로 없이 한바탕으로 낱낱이 온 전체로 통해서 영원한 절대 현재로 열려 향상구(向上句: 끝없이 초월하는 깨달음의 한 마디)나, 향하구(向下句)나, 평상구(平常句)나 한 터럭도 차이 없이 통째로 바로 실참해서 안팎으로 꼭 맞아 자유자재로 쓰고, 지키고, 누리고, 펼치고, 거둠이 무궁무진해야 합니다.

선(禪)이란?

화두공안(話頭公案)[13]입니다.

화두공안을 즉시 바로 보고 바로 타파해야 합니다.

화두공안을 즉시에 바로 드러내고 바로 계합(契合 : 서로 조금도 틀림이 없이 꼭 들어맞음)해야 합니다.

---

13) 선(禪)의 수행과 깨달음을 상징하는 화두는 공안이란 말과 동의어로 쓰이고 있다. 공안은 원래 '관청의 공문서(公府案牘)' 라는 용어에서 유래된 것으로 참선 공부의 잣대가 되는 핵심적인 명제를 의미한다. 그래서 『벽암록』에서는 "조사 스님들이 가르쳐 보이신 바를 공안이라고 한다(祖敎之書 爲之公案)"고 했다. 공안의 종류는 보통 1,700공안이라고도 하는데, 이는 『전등록』에 등장하는 1,701인의 선사들이 보여준 기연(機緣)과 언행에서 비롯된 것이다. 공안이 무심을 체득해 견성을 목표로 삼는 선수행의 대명제라면 화두는 그 대명제 속의 핵심에 해당한다. 공안이 수행자의 신심(身心)과 하나가 되어 깨닫도록 이끄는 '절대적인 의문' 이 화두이며 이를 의단(疑團 : 의문덩어리)이라고 한다. 이처럼 의문덩어리가 된 화두를 전심전력으로 참구해서 마침내 타파하는 것을 견성이라고 한다. 화두의 타파를 통해 부처님이나 조사들과 다름없는 본래의 성품, 불성을 깨닫는 것이다.

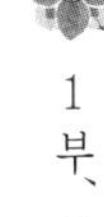

화두공안 그대로 화두공안을 간격 없이 지키고 써야 합니다.

화두공안을 그대로 화두공안을 흥대로 꼭 맞아 자유자재해야 합니다.

선(禪)이란?

이것입니다.

이것이 무엇인고?[14)]

그대는 그대에게 맡기고, 천하는 천하에 맡기고, 나는 그대와 천하를 마음대로 행합니다.

어찌하여 조주 스님은 '개에게 불성이 없다[狗子無佛性]'[15)] 했는고?

동풍을 펼쳐 만 봄을 즐기고 서풍을 거두어 만 가을을 누립니다.

---

14) 줄여서 '이 뭣고(是甚麽)?' 화두라 한다. 약산 선사가 제시한 '부모미생전 본래면목(父母未生前本來面目) 시심마(是甚麽)'(부모로부터 태어나기 이전의 나의 본래 모습은 무엇인가?)란 근본문제가 축약된 가장 보편적인 화두이기도 하다.

15) 어떤 수행자가 물었다.
"개에게도 불성(佛性)이 있습니까?"
조주 스님이 대답했다.
"없다."
그 수행자는 다시 물었다.
"위로는 부처님으로부터 저 아래로는 개미에 이르기까지 모두 불성이 있는데, 어째서 개에게는 없다고 하십니까?"

꿈도 없고, 생각도 없고, 잠이 꽉 들었을 때 주인공(主人公 : 본래 면목, 불성)이 어디에서 안심입명(安心立命)[16] 하는고?

집집마다 청풍명월을 무진장 보내고

그대에게 온 천하를 무진장 홍대로 거두고 펼칩니다.

어떤 것이 마조 스님의 일면불 월면불(日面佛 月面佛)[17]인고?

그대에게는 온 전체로 달고 쓰고 신 것을 맛보게 하고

조주 스님이 대답했다.

"개에게 업식(業識)의 성품이 있기 때문이다."(조주록)

1,700 공안 가운데 가장 '사랑받는' 무자(無字) 화두의 기연이 된 선문답의 일부분이다. 조주 스님은 (부처님은 일체중생에게 불성이 있다고 했는데) "개에게도 불성이 있습니까?" 하는 학인들의 질문에 대해 때론 '있다', 때론 '없다' 고 답하면서 무수한 수행자들을 나아갈 수도, 물러설 수도 없는 진퇴양난의 경지로 몰아넣었다. 이 화두는 사량 · 분별로는 접근이 불가능하기에 '왜 개에게 불성이 없다고 했을까?' 하고 스스로 화두를 들고 의심할 수 밖에 없다.

16) 수행자가 궁극의 경지를 추구한 결과, 그 무엇에 의해서도 흐트러지지 않는, 완전히 평정(平定)한 편안함에 달한 마음의 상태를 말한다. 선 수행을 통하여 견성(見性)의 경지에 다다른 것을 가리키는 말이다. 여기서는 '주인공이 어디에 머물고 있는가?'란 의미로 쓰이고 있다.

17) 이 공안은 『마조록』에 나온다. 마조 스님이 병이 나자, 원주(院主)가 문안을 드렸다.

"스님께선 요즈음 건강이 어떠하신지요.?"

"일면불 월면불(日面佛月面佛)이니라."

『불명경(佛名經)』에 보면 일면불은 1800년을 사는 장수 부처이고, 월면불은 하루 낮과 밤 동안만 사는 단명 부처다. 따라서 '일면불 월면불'이라는 말은 '오늘 죽어도 좋고 내일 죽어도 좋다' 혹은 '천년을 살든 하루를 살든' 정도의 문자적인 의미가 있다. 하지만, 이것은 지견풀이에 불과하다. 일면불, 월면불 자체가 되어 대광명을 발해봐야 안다.

나에게는 낱낱이 짜고 싱겁고 매운 것을 즐기게 합니다.

어떤 것이 조불조사(祖佛祖師 : 부처님과 조사스님들)를 초월한 운문 스님의 호떡[18)]인고?

낮에는 붉고 흰 꽃을 가리키고

밤에는 만 하늘에 만 해와 달을 굴립니다.

선(禪)이란?

관(觀)[19)]과 의심(疑心 : 화두를 참구할 때의 의심)과 각(覺 : 깨달음)이 동시에 통째로 열림입니다.

관과 의심과 각이 동시에 통째로 바로 드러냄입니다.

관과 의심과 각이 동시에 통째로 바로 누림입니다.

---

18) 『벽암록』 제77칙은 어떤 선승이 부처를 초월하고 조사를 초월하는 말을 질문하자, 운문 선사가 호떡이라며 다음과 같이 대답하고 있다.

어떤 스님이 운문 화상에게 질문했다.

"어떤 것이 부처를 초월하고 조사를 초월하는 말씀입니까?"

"호떡이다."

부처나 조사를 초월한다는 것은 형체나 모양이 있는 부처나 조사가 아닌 마음 속에서 인식하고 있는 부처나 조사에 대한 권위의식이나 고정관념, 즉 망념의 중생심을 텅 비워버리고 본래의 불심(본래면목)을 깨닫는 것이다. 부처나 조사에 대한 개념이나 이미지는 물론, 그들이 체득한 깨달음의 경지까지 초월하여 머무름이 없는 무주(無住)의 실천으로 무한한 자기 향상을 이루는 삶이다.

19) 관(觀)은 지혜의 눈으로 마음과 대상을 보는 것이다. 9년 동안 소림사에서 '면벽하며 마음을 본'[面壁觀心] 달마 대사는 『관심론』에서 "깨닫고자 하면 마음을 관하라."고 하였다. 위빠사나

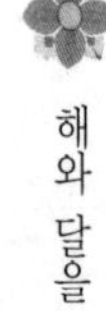

선(禪)이란?

근원적 실존적 구경(究竟 : 최후의 완전한 깨달음)적 절대적 대공덕이요

근원적 실존적 구경적 절대적 대자비요

근원적 실존적 구경적 절대적 대보배요

근원적 실존적 구경적 절대적 대감로요

근원적 실존적 구경적 절대적 대풍요요

근원적 실존적 구경적 절대적 대광명입니다.

에서 관(觀)의 대상은 몸, 느낌, 마음, 법(法) 등의 4가지인데 선에서는 마음을 보는 관심(觀心)을 중요시 한다. 『관심론』에는 이런 대화가 나온다.

혜가 스님이 물었다.

"만약 어떤 사람이 뜻으로 불도(佛道)를 구하려 한다면 마땅히 어떤 법을 닦아야 가장 간략한 요점이 됩니까?"

달마 스님께서 답하셨다.

"오직 '마음을 관하는' 한 가지 방법만이 모든 행위를 총괄하여 포섭하는 것이니 이름하여 간략한 요점이라고 한다."

또 묻기를, "어떠한 방법이 제행(諸行)을 총괄하여 포섭하는 것입니까?"

"마음이란 온갖 법의 근본이다. 일체 모든 법이 오직 마음에서 생기는 것이니, 만약 마음을 깨달을 수 있으면 만행이 구비되는 것이 마치 큰 나무가 소유한 가지와 및 모든 꽃과 열매가 다 뿌리로 인한 것과 같아서 나무를 재배하려면 뿌리를 둠으로써 비로소 생기고, 나무를 벌목하려면 뿌리를 제거함으로써 반드시 죽는 것이니, 만약 마음을 깨달아 도를 닦으면 공력(功力)을 생략해도 쉽게 이루어지고, 만약 마음을 깨닫지 못하고서 도를 닦으면 이내 공력을 소비할지라도 이익이 없다. 그러므로 모든 선과 악이 다 자기의 마음을 말미암은 것이니 마음 밖에서 달리 구하면 마침내 옳지 않다."

선(禪)이란?

안팎으로 참 정진이 충만해야 합니다.

안팎으로 참 지혜가 충만해야 합니다.

안팎으로 참 복력(福力)이 충만해야 합니다.

안팎으로 참 원력(願力)이 충만해야 합니다.

안팎으로 참 만행(萬行)이 충만해야 합니다.

안팎으로 참 인욕(忍辱)이 충만해야 합니다.

안팎으로 참 인과가 충만해야 합니다.

안팎으로 참 인연이 충만해야 합니다.

안팎으로 참 시절이 충만해야 합니다.

안팎으로 참 도량(道場 : 수행하는 곳)이 충만해야 합니다.

안팎으로 참 깨침이 충만해야 합니다.

안팎으로 참 보림이 충만해야 합니다.

안팎으로 참 회향(回向 : 자기가 닦은 선근 공덕을 다른 중생이나 자기 자신에게 돌림)이 충만해야 합니다.

선(禪)이란?

나에 대한 참 봉사요

세상에 대한 참 봉사요

부처님에 대한 참 봉사요

나와 세상과 부처님에 대한 안팎으로 다름이 없는 참 봉사입니다.

선(禪)이란?
절대적 대신심(大信心 : 큰 믿음)이요
절대적 대분심(大憤心 : 큰 분발심)이요
절대적 대의심(大疑心 : 화두에 대한 큰 의심)이요
절대적 대공덕심(大功德心 : 큰 공덕을 발하는 마음)입니다.

선(禪)이란?
첫째도 간절함이요
둘째도 간절함이요
셋째도 간절함입니다.

선(禪)이란?
첫째도 화두공안 일념입니다.
둘째도 화두공안 일념입니다.
셋째도 화두공안 일념입니다.

선(禪)이란?
첫째도 정진이요
둘째도 정진이요
셋째도 정진입니다.

선(禪)이란?
첫째도 절대적 실참궁구(實參窮究)입니다.
둘째도 절대적 실참궁구입니다.
셋째도 절대적 실참궁구입니다.

선(禪)이란?
어린아이 엄마 찾듯
어미가 잃은 자식 찾듯
목마른 자 물 찾듯
배고픈 자 밥 찾듯
그리운 사람 그리워하듯
보고픈 사람 보고파하듯
만나고 싶은 사람 보고파하듯
불구덩이에서 뛰쳐나오듯
발등에 불 끄듯, 머리 정수리에 불 끄듯
진흙 구덩이에서 빠져나오듯
감옥에서 탈출하듯
억울해서 분하듯
누명에서 벗어나듯
길 잃은 자 길 찾듯
길 가는 자 길 가듯

타향에서 고향으로 돌아오듯
거리에서 집으로 돌아오듯
어리석은 자 지혜를 구하듯
빈천한 자 부귀를 바라듯
병든 자 건강을 바라듯
시험보는 자 합격을 바라듯
실업자가 취업을 바라듯
보배 잃은 자 보배 찾듯
외로운 자 벗을 만나듯
사자와 호랑이가 만길 벼랑을 건너뛰듯
학과 봉황이 푸른 하늘을 훨훨훨 날듯
풀잎마다 우담바라(優曇鉢羅華: 붓다나 전륜성왕(轉輪聖王)이 나타날 때만 핀다는 상상의 꽃) 꽃피듯
돌멩이마다 마니보주 쏟아지듯
복혜쌍수(福慧雙修 : 복과 지혜를 함께 닦음)를 지어 이루면서
궁구하고, 궁구하고, 궁구해야 합니다.

선(禪)이란?
흐르는 강물처럼 유유하게
모이는 바다처럼 여여하게
태산준령(泰山峻嶺) 같이 당당하게

은산철벽(銀山鐵壁: 은으로 만든 산과 철로 만든 벽) 같이 부동하게
만길 벼랑 끝에 온 목숨 내던지듯
만리 파도 속에 달 비추듯
한 달빛이 만 세상을 비추듯
만 산, 만 강에 만 달이 가득하듯
타성일편(打成一片)[20]이듯

파도가 물이요, 물이 파도이듯 [21]
캄캄함 그대로 밝도록
밝음 그대로 캄캄하도록
막힘 그대로 통하도록
통함 그대로 막힘이도록

---

20) '타성일편'은 참선에서 화두와 온갖 의심과 호흡, 번뇌 · 망상까지 모두 화두를 중심으로 한덩어리가 되어 합쳐지는 상태를 말한다. 이 단계에 이르면 행주좌와 어묵동정 간에 화두가 떠나지 않아 마침내 크게 깨닫게 된다. 서산 대사는 『선가귀감』에서 "공부가 만약 때려 부수어 한 덩어리를 이룬다면, 비록 금생에 깨치지 못하더라도 마지막 눈감을 때에 악업에 끌리지는 않을 것이다." 라고 말하고 있다.

21) '파도는 물을 떠나지 않고, 물은 또 파도를 떠나지 않는다.'는 뜻의 '파불리수 수불리파(波不離水 水不離波)'는 체(體)와 용(用), 이(理)와 사(事), 공(空)과 색(色), 본체와 현상을 둘로 보지 않는 중도(中道)를 드러낸 말이다. 일체 모든 유위 세계는 꿈속 같고 허깨비 같고, 물위의 거품 같고, 실체 없는 그림자라 풀끝의 이슬이요, 번개 처럼 무상한 것이다. 이와 같이 세세밀밀하게 관찰하여 꿈이요, 환상인줄 깨쳐 알면 몽환이 다시 진실이고 번뇌가 곧 열반임을 알아 '수불리파 파불리수'의 도리를 체득하게 된다. 참[眞]과 거짓[假]이란 분별에 떨어지면 부처가 곧 중생이지만, 중도의 이치를 바로 보면 중생이 곧 부처이다.

매듭 그대로 풀어지듯

풀어짐 그대로 매듭이도록

깊은 잠 그대로 생시이듯[22)]

생시 그대로 깊은 잠이듯

죽음 그대로 살아있듯[23)]

살아있는 그대로 죽음이듯

만사만행(萬事萬行) 그대로 무사무행(無事無行)이듯

무사무행 그대로 만사만행이듯

폭풍 · 한설 그대로 미풍 · 이슬이듯

미풍 · 이슬 그대로 폭풍 · 한설이듯

풀잎 그대로 꽃피듯

꽃핌 그대로 풀잎이듯

---

22) '깊은 잠 그대로 생시이듯 한결같음'을 '숙면일여(熟眠一如)'라 한다. 숙면일여가 되기 전에는 확철대오했다고 말할 수 없다고 강조한 성철 스님은 "숙면일여, 즉 잠이 아무리 깊이 들어도 절대 매하지 않고 여여불변할 때, 그때부터 영겁불망이 되는 것이다."고 밝힌 바 있다.

23) 죽음 그대로 살아있듯, 살아있는 그대로 죽음이듯 한결같음을 생사일여(生死一如)라 한다. 이는 '생사가 본래 없다'고 보기 때문에 가능한 말이다. 보조 선사는 '진심은 생사를 벗어난 것[眞心出死]'이라면서 "생사는 본래 없는 것[生死本無]이거늘, 망령되게 있다고 헤아린다."고 밝히고 있다. 보조 스님은 『진심직설』에서 "생사가 없음을 아는 것[知無生死]은 생사가 없음을 체득함[體無生死]만 못하고, 생사가 없음을 체득함은 생사가 없음에 계합함[契無生死]만 못하며, 생사가 없음에 계합함은 생사가 없음을 활용함[用無生死]만 못하다."고도 했다. 대안 대사는 제자인 원효 스님에게 "생사가 없음을 알아야 한다."고 가르쳤듯이 생사가 본래 없음을 깊이, 아주 깊이 아는 것은 선 수행의 입문이면서도 골수에 해당하는 일이다.

마른가지 그대로 열매이듯
열매 그대로 마른가지이듯
검은 재 그대로 금가루이듯
금가루 그대로 검은 재이듯
돌 그대로 마니보주이듯
마니보주 그대로 돌이듯
맵새 그대로 봉황이듯
봉황 그대로 맵새이듯
지렁이 그대로 용이듯
용 그대로 지렁이듯
자라 그대로 사자이듯
사자 그대로 자라이듯
온 전체로 달고 낱낱이 쓰듯
낱낱이 달고 온 전체로 쓰듯
온 전체로 붉고 낱낱이 푸르듯
낱낱이 붉고 온 전체로 푸르듯
해와 달이 쌍으로 비추듯
평상심을 초월한 평상심으로
평상심을 초월하지 않는 평상심으로
평상심 그대로 평상심으로
궁구하고, 궁구하고, 궁구해야 합니다.

선(禪)이란?

아무 이유가 없습니다.

아무 까닭이 없습니다.

아무 조작이 없습니다.

아무 사심이 없습니다.

아무 감춤이 없습니다.

아무 간격이 없습니다.

아무 차별이 없습니다.

아무 얽매임이 없습니다.

아무 걸림이 없습니다.

아무 부족함이 없습니다.

아무 빈틈이 없습니다.

아무 흠이 없습니다.

아무 거짓이 없습니다.

아무 시비가 없습니다.

아무 분별이 없습니다.

아무 집착이 없습니다.

아무 애착이 없습니다.

아무 헤아림이 없습니다.

아무 뜻이 없습니다.

아무 반연(攀緣 : 마음의 대상에 의지해서 작용을 일으키는 것. 번뇌망상의 시초이자 근본)이 없습니다.

아무 알음알이가 없습니다.
아무 머무름이 없습니다.
아무 물듦이 없습니다.
아무 속박이 없습니다.
아무 탈이 없습니다.
아무 대상이 없습니다.

선(禪)이란?
아무나 다 선입니다.
아무나 다 각입니다.
아무나 다 나입니다.
아무나 다 참입니다.
아무나 다 생명입니다.
아무나 다 주인입니다.
아무나 다 광명입니다.
아무나 다 감로입니다.
아무나 다 보배입니다.
아무나 다 풍요입니다.
아무나 다 아름다움입니다.
아무나 다 자유입니다.

아무나 다 평화입니다.
아무나 다 행복입니다.
아무나 다 자비입니다.
아무나 다 진리입니다.
아무나 다 불변입니다.
아무나 다 불멸입니다.
아무나 다 영원입니다.
아무나 다 법계입니다.
아무나 다 통합니다.
아마나 다 씁니다.
아무나 다 누립니다.

선(禪)이란?
온 전체로 캄캄해야 온 전체로 밝습니다.
온 전체로 죽어야 온 전체로 삽니다.[24)]

24) '크게 한번 죽어야 큰 삶이 나타난다'[大死一番, 大活現前], '크게 죽어야 크게 산다'[大死大活]는 말과 같다. 선어록에서 크게 한번 죽어야 한다는 의미로 대사일번(大死一番)이라고 말하는 것처럼, 죽음(死)은 아상(我相), 인상(人相)의 자아의식과 중생심을 완전히 텅 비운 공(空)의 실천을 말한다. 삶(活)은 일체의 번뇌 망념의 중생심과 사량 분별을 여의고 철저히 크게 깨달은 무심의 경지에서 자성의 지혜작용을 자유자재로 쓰는 것을 말한다. 선어록에서 사활(死活)은 번뇌 망념을 죽이는 칼[殺人刀]과 지혜작용을 살리는 칼[活人劍]과 같은 의미이며 살활자재는 뛰어난 선승의 기지(機智)로서 번뇌 망념을 죽이고, 지혜작용을 살리는 지혜를 자유자재로 한다

온 전체로 미해야 온 전체로 깨칩니다.[25)]

선(禪)이란?

성성적적(惺惺寂寂)[26)]이 차조동시요

밝고 어둠이 차조동시요

안과 밖이 차조동시요

앞과 뒤가 차조동시요

위와 아래가 차조동시요

펼치고 거둠이 차조동시요

멀고 가까움이 차조동시요

[殺活自在]고 말하고 있다.

선가에서는 크게 깨달은 사람[大悟人]을 대사저인(大死底人)이라고 부르기도 한다. 이는 상대적인 관념을 완전히 비워서 절대무(絕對無)에 사무치며 그 무의식도 초월한 깨달음의 경지에 들어간 사람을 상징하는 말인 것이다.

25) 사람의 본성은 자타(自他)나 미함과 깨침[迷悟]의 차별과 분별심을 초월해 있다. 미함과 깨침을 초월한 진여실상(眞如實相)은 아상, 인상이 텅 비워진 본래의 자기가 우주 만법과 하나가 된 만법일여 만물일체(萬法一如 萬物一體)의 경지를 드러낸다.

26) 성성적적(惺惺寂寂)은 참선 공부 중에 뚜렷하게 깨어 있으면서도 산만하지 않은 마음상태를 말한다. 성성(惺惺)은 또렷또렷하게 깨어있으면서 비추어 보는 지혜작용으로서 위빠사나[觀]에 해당한다. 적적(寂寂)은 산란하지 않고 고요하게 집중하는 선정상태로 사마타[止]에 해당한다. 고요하되 비추어 보지 못하면 참다운 선이 아니고, 비추어 보면서 고요하지 못하면 그것도 참다운 선은 아니기에, 적이조(寂而照)하고 조이적(照而寂)해야 하는 것이다. 따라서 화두를 참구하는 간화선(看話禪)은 사마타와 위빠사나, 선정과 지혜가 둘 아니게[定慧不二] 회통된 고도의 수행법인 것이다.

높고 낮음이 차조동시요
넓고 좁음이 차조동시요
깊고 얕음이 차조동시요
둥글고 모남이 차조동시요
날카롭고 무딤이 차조동시요
성글고 세밀함이 차조동시요
무겁고 가벼움이 차조동시요
열고 닫음이 차조동시요
감추고 드러냄이 차조동시요
움직이고 고요함이 차조동시요
머물고 떠남이 차조동시요
가고 옴이 차조동시요
나와 그대가 차조동시요
하나와 여럿이 차조동시요
온 전체와 낱낱이 차조동시요
살고 죽음이 차조동시요
깨치고 미함이 차조동시요
산하대지가 확연히 드러나듯
온 법계가 발밑에 펼치듯
삼라만상이 안팎으로 꼭 맞도록
스스로 한 치도 간격이 없도록

궁구하고, 궁구하고, 궁구해야 합니다.

선(禪)이란?

무명과 진여로 쌍차쌍조로 각이요

업식과 실상이 쌍차쌍조로 각이요

번뇌와 해탈이 쌍차쌍조로 각이요

망상과 삼매가 쌍차쌍조로 각이요

생사와 열반이 쌍차쌍조로 각이요

예토(穢土 : 혼탁한 사바세계)와 정토(淨土 : 청정한 국토인 극락)[27]가 쌍차쌍조로 각이요, 중생과 부처가 쌍차쌍조로 각이라 본래본각이 지금 이대로 본각으로 바로 무한히 명백한 참나로 확철대오하고, 확철대오하고, 확철대오해야 합니다.

선(禪)이란?

본래본각(本來本覺 : 본래부터 깨달아 있는 각성)의 우리 모두의 참 나인 구경각이 바로 즉시에 확철대오(確徹大悟 : 확실하고 철저하게 크게

27) 『유마경』에 "맑고 깨끗한 불국토를 원하거든 마땅히 그 마음을 깨끗이 하라. 마음이 맑고 깨끗해짐에 따라 불국토는 깨끗해지는 것이다 [心淸淨 國土淸淨]"라는 말씀이 있다. 심정토(心淨土)가 불국정토(佛國淨土)라는 것이다. 그러니 우리가 살아가는 곳이 정토인지, 예토인지는 각자의 마음공부에 따라 나타나는 분별에 불과함을 알 수 있다. 한 생각 일으킬 때에 청정하거나 더러운 마음을 내는 여부에 따라 정토와 예토가 나타난다. 한 생각 일으킬 때가 곧 우주를 창조하는 때이니, 한 생각 일으킬 때 신중하게 깨어있지 않을 수 없다.

깨달음)하고 확철대오해서 성불본불(成佛本佛) 했다 해도, 언제나 어느 때나 무한히 누리고 지켜야 함이거늘,

계속 동정일여(動靜一如 : 움직임과 고요함에 한결같음)에도 쌍차쌍조로 여여부동하게 정진함이요

계속 몽중일여(夢中一如 : 꿈속에서도 함결같음)에도 쌍차쌍조로 여여부동하게 정진함이요

계속 숙면일여(熟眠一如 : 깊이 잠들었을 때도 한결같음)에도 쌍차쌍조로 여여부동하게 정진함이요

계속 타성일여(打成一如 : 화두 일념으로 뭉쳤을 때도 한결같음)에도 쌍차쌍조로 여여부동하게 정진함이요

계속 오매일여(寤寐一如 : 자나 깨나 한결같음)[28]에도 쌍차쌍조로 여여부동하게 정진함이요

계속 생사일여(生死一如 : 나고 죽음에도 한결같음)에도 여여부동하게

---

28) 오매일여(寤寐一如)에 대해서는 예로부터 많은 선사들이 참선 공부의 중요한 최후 관문의 하나로 설정하고 있다. 즉 수행자가 아무리 부처님과 달마 대사 이상으로 큰 법을 성취한 것 같은 생각이 들더라도 잠이 꽉 들어서 공부가 안 되면 근본적으로 공부가 아닌 줄 아는 데 표준이 있는 것이라고 여러 선어록에 기록이 나온다. 특히 설봉 선사의 제자로서 선(禪)과 경, 율, 론 삼장에 회통한 현사(玄沙) 스님은 『전등록』에서 오매일여가 되지 않는 잘못된 깨달음을 경계하고 있다.

"소소영령(昭昭靈靈)한 마음의 아는 성품[靈臺智性]이 있어서 볼 수도 있고 들을 수도 있으며, 오온(五蘊)의 몸 속에서 주인이 된다고 말하니, 이렇게 하여 선지식이 되면 사람을 크게 속이는 것이다. 지금 내가 너에게 묻노니, 만약 소소영령함을 인정하여 너의 진실이라고 한다면 어째서 잠잘 때엔 또 소소영령함이 없느냐. 만약 잠잘 때에 소소영령함이 없으면 이것은 도적놈을 자기 자식으로 오인하는 것이니, 이것은 생사의 근본이며 망상의 연기[妄想緣起]이다."

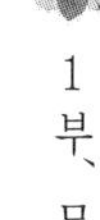

정진함이요

계속 입태일여(入胎一如 : 어머니 뱃속으로 들어가도 한결같음)에도 쌍차쌍조로 여여부동하게 정진함이요

계속 윤회일여(輪廻一如 : 윤회 속에서도 한결같음)에도 쌍차쌍조로 여여부동하게 정진함이요

계속 만행일여(萬行一如 : 만 가지 행위 속에서도 한결같음)에도 쌍차쌍조로 여여부동하게 정진함이요

계속 중생일여(衆生一如 : 중생놀음 속에서도 한결같음)에도 쌍차쌍조로 여여부동하게 정진함이요,

계속 성불일여(成佛一如 : 성불하여도 한결같음)에도 쌍차쌍조로 여여부동하게 정진함이요

계속 본불일여(本佛一如 : 본래 부처여서 한결같음)에도 쌍차쌍조로 여여부동하게 정진함입니다.

선(禪)이란?

산에는 산이 있고 물에는 물이 있습니다.
산을 보면 산이 되고 물을 보면 물이 됩니다.
산을 홍대로 세우고 물을 홍대로 펼칩니다.

선(禪)이란?

누구나 온 전체로 낱낱이 절대무한 청정법신 비로자나불(淸淨法身

毘盧遮那佛)[29] 입니다.

누구나 온 전체로 낱낱이 절대무한 원만보신 노사나불(圓滿報身 盧舍那佛)[30] 입니다.

누구나 온 전체로 낱낱이 절대무한 천백억화신 석가모니불(千百億化身 釋迦牟尼佛)[31] 입니다.

선(禪)이란?
영원한 절대 현재 지금 이대로 입니다.
언제나 지금 이대로 다시 더한 것이 없습니다.
언제나 지금 이대로 다시 덜한 것이 없습니다.
언제나 지금 이대로 다시 보탤 것이 없습니다.
언제나 지금 이대로 다시 뺄 것이 없습니다.
언제나 지금 이대로 다시 얻을 것이 없습니다.

---

29) 부처의 몸이 다양한 중생들을 제도하기 위하여 여러 모습으로 나타나는 것을 상징한 것이 삼신불(三身佛)이다. 이 가운데, 비로자나불은 영원불변의 진리를 몸으로 삼고 있는 법신불(法身佛)을 의미한다. 법신불은 영원히 변하지 않는 만유의 본체를 형상화한 부처로서 진리를 상징하므로 빛깔도 없고 형체도 없다.

30) 노사나불은 수행에 의해 부처가 된 보신불(報身佛)을 뜻한다. 즉 보살이 오랫동안 고행과 난행을 거쳐서 된 부처로서, 법장보살이 48대원(大願)을 세우고 정진하여 성불한 아미타불이 이에 속한다

31) 석가모니불은 중생을 교화하기 위해 여러 가지 형상으로 변하는 화신불(化身佛)을 이르는 말이다. 응신불은 법신불이나 보신불을 볼 수 없는 중생을 제도하기 위하여 직접 현세에 나타난 부처로서, 석가모니불이 대표적이다.

언제나 지금 이대로 다시 잃을 것이 없습니다.

언제나 지금 이대로 다시 다함이 없습니다.

언제나 지금 이대로 다시 남음이 없습니다.

언제나 지금 이대로 다시 깨칠 것이 없습니다.

언제나 지금 이대로 다시 미할 것이 없습니다.

선(禪)이란?

마침내 본래대로 언제나 어느 때나 영겁(永劫: 무한한 시간) 전이나, 영겁 지금이나, 영겁 후에도 온 전체로 낱낱이 원융무애하고, 활발발(活潑潑)하게 낱낱이 온 전체로,

지금 이대로 돈오돈수와 돈오점수를 초월한 돈오돈수의 돈오돈수와 돈오점수의 열린 보림으로,

부처행으로 간격 없이 쌍차쌍조의 항사묘용을 자유자재하게 일체 중생과 일체부처가 똑같이 꼭 맞게 한바탕으로 복혜쌍수(福慧雙修)를 풍요롭게 펴면서,

자성실체(自性實體) 자성실용(自性實用)의 자성연기(自性緣起)와 자성중도(自性中道)로 자성본불(自性本佛)의 자성진여(自性眞如)와 자성실상(自性實相)의 자성실존(自性實存)인 자성법계(自性法界)로 본불본락(本佛本樂), 본불진락(本佛眞樂), 본불무애(本佛無碍)의 참 나로,

무한한 우리 모두의 나와 우리 모두의 각과 우리 모두의 선을 한결같이 영원한 근원적, 실존적, 구경적 절대현재의 참 생명으로,

온 세상과 온 우주와 온 법계의 보편적 살림살이를 남김없이 다함없이 흥대로 본행(本行)을, 부처행[佛行]을 누리는 것입니다.

그래서 필경 우리 모두의 나는 나로서 서로 함께 열리어 자성불이요, 본래불이요, 절대불입니다.

홀로 서로 통해 다함께 자등명 법등명(自燈明 法燈明 : 자기 자신과 진리를 등불로 삼으라)입니다.

하!

이제 여러분 알겠습니까?

하!

필경 어떤 것이 정녕 선입니까?

사자는 만길 벼랑 끝을 달리며 계수열매를 뿌리고, 고래는 만리 파도를 타며 산호열매를 거둡니다!

하!

참[眞]

참[眞]이란? 나입니다.

내가 나로 오로지 나입니다.

내가 나로 오로지 바로 나를 찾고

내가 나로 오로지 바로 나를 보고

내가 나로 오로지 바로 나를 만나고

내가 나로 오로지 바로 나를 드러내고

내가 나로 오로지 바로 나를 지키고

내가 나로 오로지 바로 나를 열고

내가 나로 오로지 바로 나를 쓰고

내가 나로 오로지 바로 나를 누립니다.

내가 나로 오로지 바로 나를 찾고, 보고, 만나고, 드러내고, 지키고, 열고, 쓰고, 누리는 것이 한 터럭도 차이가 없습니다.

내가 나로 오로지 바로 나이기 때문에 안팎으로 꽉 차서 더 보탤 것도, 더 뺄 것도 없습니다.

내가 나로 오로지 바로 나이기 때문에 안팎으로 꽉 차서 이대로 나 아닌 것이 없습니다.

내가 나로 오로지 바로 나이기 때문에 안팎으로 꽉 차서 온 전체로 나 아닌 것이 없습니다.

내가 나로 오로지 바로 나이기 때문에 안팎으로 꽉 차서 낱낱이 나 아닌 것이 없습니다.

내가 나로 오로지 바로 나이기 때문에 안팎으로 꽉 차서 나와 각(覺)과 선(禪)이 간격이 없습니다.

내가 나요, 내가 각이요, 내가 선입니다.

내가 나로 오로지 바로 나이기 때문에 안팎으로 꽉 차서 나와 각과 선이 간격이 없습니다.

내가 나로 오로지 바로 나이기 때문에 안팎으로 꽉 차서 나와 각과 선을 한바탕으로 청정무구하게, 원융무애하게, 차조동시하게, 항사묘용하게, 원만구족(圓滿具足 : 원만하게 모두 갖춤)하게 자유자재로, 무애자재 활발자재로, 영원한 절대 현재로, 여여부동(如如不動)[32]하

---

32) '여여부동'이란 항상 한결같아서 동요가 없다는 말로 진여(眞如)의 상주불변(常住不變)함을 뜻한다. 절대적 진리의 조금도 변화함이 없는 모습이다. 선 법문에 심약불이(心若不異)면 만법일여(萬法一如)라는 말이 있다. 마음에 다른 생각인 차별심, 분별심을 내지 않으면 만법이 여여(如如)한 그대로라는 것이다. 만법이 본래 여여한데 수행자가 여여하지 않다고 인식하는 것은 바로 마음에 분별이 있기 때문이다. 만법이 본래 한결 같아서 여여부동한데도 그것을 보지 못함은 중생의 마음 속에 분별심이 있기 때문이므로, 마음 가운데서 분별심을 버려야 한다는 것이다. 『금강경』에는 '불취어상 여여부동(不取於相 如如不動)이란 말이 나온다. 모양과 개념에 집착하고 분별하지 않으면, 항상 여여하여 동요가 없다는 법문이다.

게 평상심으로 무한히 홍대로 누립니다.

참이란?

내가 작용을 하면 생이요

내가 작용을 거두면 멸입니다.

작용이 생이요 멸이지, 나는 생멸이 아닙니다.

작용은 내가 하는 것이지 나를 떠나 따로 한 것이 없기에 나를 여의지 않아 생멸 또한 나입니다.

그러나 생멸은 나의 바탕에서 일어나고 꺼지는 작용일 뿐, 근본 나는 아닙니다.

그렇다고 생멸 또한 나를 여의지 않고 누리는 작용이니, 나 아니라고도 할 수 없습니다.

즉 나는 불생불멸로서의 영원한 절대 생명인 나로 상주법계 하면서 생멸을 자유자재로 씁니다.

내가 작용을 하면 유요, 내가 작용을 거두면 무입니다.

작용이 유요 무지, 나는 유무가 아닙니다.

작용은 내가 하는 것이지 나를 떠나 따로 한 것이 없기에 나를 여의지 않아 유무 또한 나입니다.

그러나 유무는 나의 바탕에서 일어나고 꺼지는 작용일 뿐, 근본 나는 아닙니다.

그렇다고 유무 또한 나를 여의지 않고 누리는 작용이니, 나 아니라고도 할 수 없습니다.

즉 나는 불유불무(不有不無 : 있는 것도 아니요 없는 것도 아니다)로서의 영원한 절대 생명인 나로 상주법계 하면서 유무를 자유자재로 씁니다.

내가 작용을 하면 색이요, 내가 작용을 거두면 공입니다.

작용이 색이요 공이지, 나는 색공이 아닙니다.

작용은 내가 하는 것이지 나를 떠나 따로 한 것이 없기에 나를 여의지 않아 색공 또한 나입니다.

그렇다고 색공 또한 나를 여의지 않고 누리는 작용이니, 나 아니라고도 할 수 없습니다.

즉 나는 색도 아니요 공도 아니면서 영원한 절대생명인 나로 상주법계 하면서 색공을 자유자재로 씁니다.

내가 작용을 하면 시간이요, 내가 작용을 거두면 공간입니다.

작용이 시간이요 공간이지, 나는 시간과 공간이 아닙니다.

작용은 내가 하는 것이지 나를 떠나 따로 한 것이 없기에 나를 여의지 않아 시간과 공간 또한 나입니다.

그러나 시간과 공간은 나의 바탕에서 일어나고 꺼지는 작용일 뿐, 근본 나는 아닙니다.

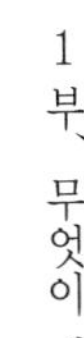

그렇다고 시간과 공간이 나를 여의지 않고 누리는 작용이니, 나 아니라고도 할 수 없습니다.

즉 나는 시간도 아니요 공간도 아니면서 영원한 절대생명인 나로 상주법계하면서 시간과 공간을 자유자재로 씁니다.

내가 작용을 하면 시작이요, 작용을 거두면 끝입니다.

작용이 시작이요 끝이지, 나는 시작과 끝이 아닙니다.

작용은 내가 하는 것이지 나를 떠나 따로 한 것이 없기에 나를 여의지 않아 시작과 끝은 나입니다.

그러나 시작과 끝은 나의 바탕에서 일어나고 꺼지는 작용일 뿐, 근본 나는 아닙니다.

그렇다고 시간과 끝이 나를 여의지 않고 누리는 작용이니, 나 아니라고도 할 수 없습니다.

즉 나는 시작도 아니요 끝도 아니면서 영원한 절대생명인 나로 상주법계 하면서 시작과 끝을 자유자재로 씁니다.

바다에 물결이 일어남은 생이요, 물결이 꺼짐은 멸입니다.

물결이 생이요 멸이지, 바다는 생멸이 아닙니다.

물결은 바다가 하는 것이지 바다를 떠나 따로 한 것이 없기에 바다를 여의지 않아 생멸 또한 바다입니다.

그러나 생멸은 바다의 바탕에서 일어나고 꺼지는 물결일 뿐, 근본

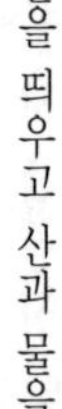

바다는 아닙니다.

그렇다고 생멸 또한 바다를 여의지 않고 누리는 물결이니, 바다가 아니라고도 할 수 없습니다.

즉 바다는 불생불멸로서의 영원한 절대생명인 바다로 상주법계하면서 생멸인 물결을 자유자재로 씁니다.

바다가 물결이요, 물결이 바다이면서 안팎으로 바다로서, 물결이 일어나든 꺼지든 바다는 항상 여여부동하게 푸릅니다.

바다에 물결이 일어남은 유요, 물결이 꺼짐은 무입니다.

물결은 바다가 일으킨 것이지 바다를 떠나 따로 한 것이 없기에 바다를 여의지 않아 유무 또한 바다입니다.

그러나 유무는 바다의 바탕에서 일어나고 꺼지는 물결일 뿐, 근본 바다는 아닙니다.

그렇다고 유무 또한 바다를 여의지 않고 누리는 물결이니, 바다 아니라고도 할 수 없습니다.

즉 바다는 불유불무로서의 영원한 절대 생명인 바다로 상주법계하면서 유무인 물결을 자유자재로 씁니다.

바다가 물결이요, 물결이 바다이면서 안팎으로 바다로서 물결이 일어나든 꺼지든 바다는 항상 여여부동하게 푸릅니다.

바다에 물결이 일어남은 색이요, 물결이 꺼짐은 공입니다.

물결이 색이고, 공이지 바다는 색공이 아닙니다.

물결은 바다가 하는 것이지 바다를 떠나 따로 하는 것이 없기에 바다를 여의지 않아 색공 또한 바다입니다.

그러나 색공은 바다의 바탕에서 일어나고 꺼지는 물결일 뿐, 근본 바다는 아닙니다.

그렇다고 색공 또한 바다를 여의지 않고 누리는 물결이니 바다 아니라고도 할 수 없습니다.

즉 바다는 불색불공(不色不空 : 물질도 아니요 마음도 아니다)으로서의 영원한 절대생명인 바다로 상주법계 하면서 색공인 물결을 자유자재로 씁니다.

바다가 물결이요, 물결이 바다이면서 안팎으로 바다로서 물결이 일어나든 꺼지든 바다는 항상 여여부동하게 푸릅니다.

바다에 물결이 일어남은 시간이요, 물결이 꺼짐은 공간입니다.

물결이 시간이요 공간이지, 바다는 시간과 공간이 아닙니다.

물결은 바다가 일으킨 것이지, 바다를 떠나 따로 있는 것이 없기에 바다를 여의지 않아 시간과 공간 또한 바다입니다.

그러나 시간과 공간은 바다의 바탕에서 일어나고 꺼지는 물결일 뿐, 근본 바다는 아닙니다.

그렇다고 시간과 공간 또한 바다를 여의지 않고 누리는 물결이니 바다 아니라고도 할 수 없습니다.

즉 바다는 시간도 아니요 공간도 아님으로써의 영원한 절대 생명인 바다로 상주법계 하면서 시간과 공간인 물결을 자유자재로 씁니다.

바다가 물결이요, 물결이 바다이면서 안팎으로 바다로서 물결이 일어나든 꺼지든 항상 여여부동하게 푸릅니다.

바다에 물결이 일어나면 시작이요, 물결이 꺼지면 끝입니다.

물결이 시작이요 끝이지, 바다는 시작과 끝이 아닙니다.

물결은 바다가 일으킨 것이지 바다를 떠나 따로 있는 것이 없기에 바다를 여의지 않아 시작과 끝은 또한 바다입니다.

그러나 시작과 끝은 바다의 바탕에서 일어나고 꺼지는 물결일 뿐, 근본 바다는 아닙니다.

그렇다고 시작과 끝이 바다를 여의지 않고 누리는 물결이니 바다 아니라고도 할 수 없습니다.

즉 바다는 시작도 아니요 끝도 아님으로서의 영원한 절대 생명인 바다로 상주법계 하면서 시작과 끝을 자유자재로 씁니다.

바다는 물결이요 물결이 바다이면서 안팎으로 바다로서 물결이 일어나든 꺼지든 항상 여여부동하게 푸릅니다.

참이란?

나는 자성이요, 불성이요, 진여요, 실상이요, 법계입니다.

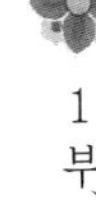

석가모니 부처님께옵서는

다 함께 서로 열린 스스로 나인 자성, 불성, 진여, 실상, 중도, 법계를 깨치시고 무궁무진하게 자등명 법등명을 펼치신 것입니다.

즉 근원적, 본래적, 영원적, 창조적, 절대적인 스스로 나인 자성은 자등명 법등명으로서 무궁무진하게 홍대로 여여부동 상주법계해서 쌍차쌍조하고 항사묘용 해서 절대적 실상을 누리는 것입니다.

그러니 스스로 절대적으로 존재하는 나인 자성은 유무가 아닙니다.

유무를 초월한 절대 영원한 생명인 펄펄펄 살아있는 자성으로서의 작용인 자성연기로서의 유무일 뿐, 근본 나인 자성은 유무가 아닙니다.

즉 일체를 초월한, 일체를 탈각한, 일체를 창조하는 주인으로서의 자성인 내가 유무를 쓸 뿐입니다.

그런데 어떤 분들은 무자성이니, 유자성이니, 무아니, 유아니, 무심이니, 유심이니, 무주니, 유주니, 무념이니, 유념이니, 무념이니, 유념이니, 무시니, 유시니, 무종이니, 유종이니, 무상이니, 유상이니, 상대적 개념으로 떨어져 착각해서는 안 됩니다.

더구나 나의 실체는 무자성이라고 주장하시는 분들은 다시 진지하게 실참 궁구하시길 바랍니다.

무에 떨어져서 무기공(無記空 : 의식과 감각이 없는 흐리멍텅한 정신 상태)에 빠져 무정물(無情物 : 생명이 없는 물질)이 되어서는 안 되겠습니다.

또한 단견(斷見 : 이 생만 살면 끝이지 다음 생은 없다는 견해)에 떨어져서 인과를 무시하거나 윤회를 부정하며 막식막행(莫食莫行)해서 스스로 쇠사슬이 되어서는 안 되겠습니다.

또한 유에 끄달려서 상견(常見 : 나의 자아는 영원하여 계속 몸만 바꾸는 윤회를 한다는 견해)을 일으켜 혼침에 빠져 스스로 귀신굴에 헤매어서는 아니 되겠습니다.

무자성, 유자성을 초월한 본래로 실재한 나인 자성, 불성, 진여, 실상, 중도, 법계는 항상 상주법계해서 무한히 청정무구하게 쌍차쌍조하고 항사묘용 하는 것입니다.

지극히 신령스러운 여여부동한 자성의 바탕에서 자성의 작용인 자성연기로 유무를 홍대로 자유자재하게 중도를 누리는 것입니다.

참 나, 참 자성, 참 불성, 참 진여, 참 실상, 참 중도, 참 법계인 것입니다.

또한 색공을 초월한 절대 영원한 생명인 펄펄펄 살아있는 자성으로서의 작용인 자성연기로서의 색공일 뿐, 즉 나인 자성은 색공이 아닙니다.

그런데 어떤 분들은 색공을 상대적으로 생각해서 나의 실체는 공이니 공을 증득해야 하며 부처님은 공을 깨치시고 공을 설한 것이라고 주장하시는데 착각입니다.

공에 떨어져서 무기공에 빠져 무정물이 되어서는 안 되겠습니다.

또한 단견에 떨어져서 인과를 무시하거나 윤회를 부정해서 막식막행해서 스스로 나찰이 되어서는 아니 되겠습니다.

또한 색에 끄달려서 상견을 일으켜 혼침에 빠져 스스로 흑암굴에 헤매어서는 안 되겠습니다.

색공을 초월한 본래로 실재한 나인 자성, 불성, 진여, 실상, 중도, 법계는 항상 상주법계 해서 무한히 청정무구하게 쌍차쌍조하고 항사묘용하는 것입니다.

지극히 신령스러운 여여부동한 자성의 바탕에서 자성의 작용인 자성연기로 색공을 흥대로 자유자재하게 중도를 누리는 것입니다.

참 나, 참 자성, 참 불성, 참 진여, 참 실상, 참 중도, 참 법계인 것입니다.

또한 생멸을 초월한 절대 영원한 생명인 펄펄펄 살아있는 자성으로서의 작용인 자성연기로서의 생멸일 뿐, 즉 나의 자성은 생멸이 아닙니다.

그러니 생멸에 빠져 스스로 혼탁해서는 아니 되겠습니다.

우리 모두의 서로 열린 스스로 나인 자성, 불성, 진여, 실상, 중

도, 법계로서의 불생불멸의 무한한 생명의 주인으로 윤회를 자유자재하게 생멸을 흥대로 쓰는 것입니다.

즉 생멸을 초월한 본래로 실재한 나인 자성, 불성, 진여, 실상, 중도, 법계는 항상 상주법계해서 무한히 청정무구하게 쌍차쌍조하고 항사묘용하는 것입니다.

지극히 신령스러운 여여부동한 자성의 바탕에서 자성의 작용인 자성연기로의 생멸을 자유자재하게 쓰는 것입니다.

참 나, 참 자성, 참 불성, 참 진여, 참 실상, 참 중도, 참 법계인 것입니다.

참이란?

부처님께옵서 세상에 태어나자마자 사방으로 일곱 걸음 걸으면서 '하늘 위나 하늘 아래나, 홀로 가장 높고 존귀하다[天上天下 唯我獨尊]' 하셨습니다.

부처님께옵서 출가하셔서 육년 고행 끝에 다시 보리수나무 아래에서 일주일 용맹정진 끝에 새벽별을 보시고 깨친 첫 말씀이 "일체중생이 이미 일체 공덕을 다 갖춘 불성(자성)이 있구나." 하셨습니다.

부처님께옵서 49년 동안 팔만사천 법문을 설하시고 마지막 유훈으로 "자등명 법등명 하라." 하셨습니다.

하!

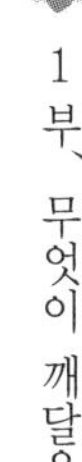

이제 여러분 알겠습니까?

하!

필경 어떤 것이 참입니까?

스스로 해와 달로 온 나를 홍대로 이루고

다함께 산과 물로 온 법계(法界)를 홍대로 누립니다.

하!

늘 누리는 날 영홍 범향배

영흥 선사의 구도기와 선문답

절룩절룩절룩 수미산에 오르고
절룩절룩절룩 시장 바닥을 누빈다。
해와 달을 띄우며 온 시방을 행복케 하고
꽃과 열매를 뿌리며 온 시방을 태평케 하구나。

춘성 선사와의 기연과 언하대오

하!

나(영흥 스님)의 나이 21살 때 홀연히 한 생각 따라 도봉산 망월사를 찾아갔다. 우연이었을까? 필연이었을까? 전생부터 수행자로서 연장선상의 시절인연이었을 것이다. 그날은 칠월칠석날이었다. 마침 선방에서 방선(放禪 : 좌선 수행을 잠시 쉬는 것)해서 뜨락에 산책하는 스님들을 보게 됐는데, 그 모습이 너무 청아하고 고귀하고 성스러워 보였다. 이 세상에서 처음으로 가슴 벅차게 느낀 가장 아름다운 모습이었다. 신선들의 모습 그대로 학이었다.

넋을 잃고 있는데 어느덧 사방은 어두워 왔다. 하룻밤 묵게 됐는데 선방 입승(立繩 : 선방의 법규와 질서를 담당하는 소임) 스님(효산)이 보더니 선방으로 안내했다. 하안거 결제기간이라 여러 수좌스님들이 정진하고 있는데 속인인 나를 함께 묵게 한 것은 너무나 파격적이었다. 더구나 조실 스님께서 정진하던 자리 방석에 나를 앉게 한 다음 아무 말씀이 없었다. 여러 수좌스님들도 아무 말 없이 평상시처럼 제각기 수행에 열중할 뿐이었다. 나는 방석에 앉은 채로 묵묵히 하룻밤을 지샜다.

이튿날 음력 7월 8일 10시쯤에 조실(祖室 : 선원의 큰스님이 머무는 방) 문을 노크했다. 세 번이나 노크 했는데 아무 기척이 없었다. 무심히 그냥 문을 열고 들어갔다. 머리가 하얀 노스님이 팔베개 하고 누워 계셨다.

문득 쳐다보니 "어떻게 왔는고?" 하셨다.

나도 모르게 큰절을 세 번 올리면서 여쭈었다.

"제가 어떻게 사는 것이 이 세상을 바르게 사는 것입니까?"

노스님께서 나직한 목소리로 단호하게 "가!" 라고 하셨다.

나는 다시 큰절을 세 번 올리면서 여쭈었다.

"제가 어떻게 사는 것이 이 세상을 바르게 사는 것입니까?"

스님께서 다시 나직하지만 단호하게 "가!" 라고 하셨다.

나는 다시 큰절을 세 번 올리면서 여쭈었다.

"제가 어떻게 사는 것이 이 세상을 바르게 사는 것입니까?"

순간, 노스님께서 벌떡 일어나시면서 벼락같은 고함 소리로 외쳤다.

"가!"

나는 순간 내 뒤통수가 박살나는 듯 했다. 그리고 통 밑이 다 빠진 듯이 시원했다. 그리고 나의 본바탕과 계합했다. 특별한 것이 아니고 평소 내가 살아온 그대로 였다. 그리고 노스님과 나는 그대로 이심전심(以心傳心) 했다. 나는 글 하나 지어 올렸다.

스스로 '본 나' 가 오로지 '참 나' 여서
생멸을 흥대로 삼라만상을 나투어
온 전체로 낱낱이 해와 달로 누리니
옛도 훗날도 지금처럼 우담바라 난발하구나.

노스님께서 빙그레 웃으시면서 법어(法語)를 내리셨다.

신발 한 짝 거꾸러 신고 떨어진 옷소매 펄럭펄럭펄럭 하면서
높고 높은 산 봉우리를 지나고 깊고 깊은 바다 밑을 지나서
이승과 저승을 자유자재로 열어 만 세상을 춤추게 하고
사바와 극락을 무애자재로 펼쳐 만인을 노래하게 하라.

노스님께서는 이렇게 말하고 다시 당부하셨다.

"앞으로 그대 이름을 '연꽃 연' 자, '달 월' 자 연월(蓮月)로 하고, 오늘 일은 30년간 아무에게도 얘기 하지 말거라. 그리고 그대는 세간과 출세간을 한 덩어리로 녹이면서 스스로 뜻을 펼치거라."

나는 "네, 네, 네." 하고 대답하면서 큰절을 세 번 올리고 조실 방을 나섰다.

'나 스스로 인생은 다 이루어 끝냈지만 남은 세월 지금까지 해 온 것처럼 세상을 위한 봉사하는 일 밖에 없구나.' 하고 다짐하면서 절 입구 밖으로 나왔는데, 어느 사이 노스님께서 절 입구 큰 나무 아래에 서서 잘 가라고 손을 흔들어 주셨다.

훗날에야 노스님이 바로 몇 백 년 만에야 이 세상에 출현하신 진정한 청정 무애도인(無碍道人) 춘성(春城 · 1891~1977) 큰스님인 줄 알았다. 내가 이 세상에서 처음 만난 큰 스승이었다. 나날이 너무 삭막해져 가는 이 세상에서 절 인심도 삭막해져 가는 요즘, 세간과 출세간에 너무나 고귀하고 꾸밈이 없는 인간적인 춘성 큰스님이 사무치게 그리운 시절이다.

사족

선지식의 말끝에 단박(몰록) 깨닫는 것을 언하대오(言下大悟) 또는 언하변오(言下便悟)라고 한다. 혜능 스님에게서 시작하고 마조 스님에서 완성된 조사선(祖師禪)은 이러한 언하변오의 돈오(頓悟)를 강조한다. 춘성 스님의 벼락같은 고함 소리, 즉 할(喝)에 견성한 영흥 스님의 기연(機緣)은 전형적인 언하대오라고 할 수 있다.

선지식과의 문답을 통해 수행자의 의문이 순식간에 해결되면서 성품을 깨닫게 되면 언하대오할 것이요, 그렇지 못하면 선지식의 언행은 의문의 대상인 화두(話頭)로 남는다. 이러한 언하대오는 흔히 근기(根機 : 정신적 수준)가 높은 수행자에게서 나타나는 기연이다. 일반적으로는 오랜 참구를 통해 공안을 타파함으로써 깨달음을 얻고 선지식을 참방해 인가를 받는 형식으로 구도의 과정이 전개된다.

영흥 스님이 불과 21세의 나이에, 그것도 출가하기 전에 언하대오한 것은 마치 노행자(盧行者)가 방아를 찧다가 오조홍인 스님의 '머무는 바 없이 그 마음을 내라[應無所住 而生其心].' 는 금강경 법문에 깨달아 육조혜능 스님이 되는 것과 유사하다. 혜능 스님과 영흥 스님은 불교교리에 능통하지 못한 행자와 거사의 신분으로 선지식의 말 한 마디에 견성하였으니, 깨달음은 불교교리를 많이 아는 지식이나 오랜 기간의 수행과는 직접적인 연관이 없음을 알 수 있다. 오로지 선지식에 대한 철저한 믿음과 법을 구하는 간절하고도 겸허한 마음, 그리고 무엇이든 받아들일 수 있는 고정관념과 선입견 없는 텅빈 마음이 이러한 언하대오를 가능하게 하는 것이다.

아! 문수보살이여, 문수보살이여

밝고 가벼운 마음으로 망월사에서 내려오다 잠시 바위 위에 앉아 쉬고 있었다. 거지보다 더 남루한 옷차림의 노스님 한 분이 문득 옆에 와 앉으셨다. 눈빛이 하늘보다 더 푸르게 보였다. 나에게 다정히 물었다.

"그대 지금 무엇을 하고 있는고?"
"고기는 물로, 새는 숲 속으로 보냅니다."
"어째서 그러한고?"
"고기 스스로 물이요, 새 스스로 숲입니다."

노스님께서 문득 한바탕 통쾌하고 큰 소리로 웃으시더니 품 속에서 조그마한 책 한 권을 꺼내 주셨다. 나는 책을 받아 펼쳐보았다.

하나 둘 셋이여, 셋 둘 하나여,
고기는 날고 새는 달리는구나.

돌마다 풀잎마다 붉고 푸르고 달고 쓴데
절룩절룩절룩 세간과 출세간을 흥대로구나.

순간 나의 가슴이 찡하게 울렸다. 노스님을 쳐다보았다. 노스님께서는 한없이 자비심 담긴 웃음을 지으면서 말하셨다.

"앞으로 30년은 날 만났다는 말을 하지 말게나."

"네, 네, 네."

나는 이렇게 말하며 합장했다.

그러자 노스님께서 자비롭게 당부하셨다.

"어떤 경우라도 정진을 놓아서는 안 되네. 본인을 위해서나 세상을 위해서나 불법을 위해서나 첫째도 정진, 둘째도 정진, 셋째도 정진일세. 실참실행(實參實行)이 빈틈이 없어야 생사를 자유자재로 한결 같다네. 훗날 우리 다시 만나겠지." 하시며 일어섰다.

이 말씀을 하시고 일어서시는 순간 회오리 같은 강풍이 뜨겁게 휩쓸더니 노스님도, 나에게 준 책도 순식간에 어디론가 사라져버렸다. 순간 나도 모르게 탄성이 나왔다.

"아! 문수보살이여. 문수보살이여. 문수보살이여!"

나는 합장하며 선 채로 거듭 절했다.

사족

선객들이 지혜를 상징하는 문수보살을 친견하는 일화는 적지 않다. 영흥 스님은 노스님을 문수보살이라 알아보았지만, 대부분의 수행자들은 문수보살의 화현을 보고서도 알아보지 못하는 경우가 많다. 대표적인 예가 무착(無着) 선사의 일화이다.

『벽암록』에는 무착 선사와 중국 오대산에 상주하는 문수보살과의 다음과 같은 공안이 등장한다.

노인(문수보살의 화현)이 무착 스님에게 물었다.

"자네는 무엇 하러 오대산에 왔는가?"

"저는 문수보살을 친견하고 그 가호를 받고자 왔습니다."

"과연 자네가 문수를 만나 볼 수 있을까? 자네 절에는 대중이 몇 사람이 되는가?"

"약 300명 쯤 됩니다. 이곳에는 몇 명이나 됩니까?"

"용과 뱀이 뒤섞여 있고, 범부와 성인이 함께 사는데, 전삼삼 후삼삼(前三三 後三三)일세."

무착은 노인의 말이 도대체 무슨 말인지 알 수가 없었다.

그러다 날이 어두워지자 노인은, 애착이 남아있는 사람은 여기 머물 수 없으니 어서 가라 하였다.

배웅하는 동자에게 "노인이 말한 전삼삼 후삼삼이란 말이 무슨 뜻인가?" 하고 묻자,

동자가 갑자기 큰소리로 "무착아!" 하였다.

갑작스런 그 소리에 놀라 무착 스님은 저도 모르게

"네!" 하니

"그 숫자가 얼마나 되는가?" 하였다.

무착 스님은 또 다시 말문이 막혀버렸다. 그리고 다시 동자를 바라보니, 동자도 사라지고, 절도 사라져 아무 것도 없었다.

무착 스님은 문수보살을 직접 만나 뵈옵고서도 알아보지 못한 자신의 어리석음을 한탄하며, 더욱 열심히 수행에 힘을 썼다. 그리하여 스승인 앙산(仰山) 선사의 법을 이어받아 깨달음을 얻어 무엇에도 거리낄 것 없는 대자유인이 되었다.

청담 스님 _
어떤 것이 곧장 가는 길인고?

나는 한편으로는 숙연한 마음으로, 또 한편으로는 가벼운 마음으로 산 밑으로 다시 내려왔다. 하산 길에 주장자 고리를 철렁철렁철렁 울리며 성큼성큼 산 위를 오르는 청담 큰스님을 만나게 됐다. 서로 마주쳐서 옆으로 비켜 저만치 내려오는데, 갑자기 저만치 올라간 청담 큰스님이 발걸음을 멈추고 뒤돌아 서서 큰 소리로 나를 불러 물으셨다.

"이보게 절룩바리. 어디서 오는고?"
"네, 망월사에서 옵니다."
"망월사 가는 길이 어떤 길인고?"
"네, 곧장 가십시오."
"어떤 것이 곧장 가는 길인고?"
"네, 네, 네 입니다."
이에 청담 큰스님께서 나를 쏘아보며 철렁철렁철렁 주장자를 땅으로 세 번 내리치셨다.

나는 합장을 하면서 "한 걸음 더 곧장 가십시오." 라고 소리치면서, 잠시 멈추었던 발걸음을 되돌려 절룩절룩절룩 웃으며 세간으로 되돌아 왔다. 나의 나이 21살 음력 7월 7일에서 7월 8일 망월사를 거점으로 일어난 일이었다.

사족

"곧장 가십시오." 하는 말은 단순히 방향을 가리키는 말이 아닌 하나의 공안이다.

『조주록』에는 천하의 선객들을 웃음거리로 만든 노파 이야기가 나온다.

오대산으로 가는 길목에 차를 파는 한 노파가 있었다.

먼 길을 온 객승들은 이 찻집에서 차를 한 잔 마시며 길을 물었다.

하루는 어떤 객승이 물었다.

"오대산으로 가려면 어느 길로 갑니까?"

노파가 대답하였다.

"곧장 가시오."

객승이 몇 발짝 걸어가자, 등 뒤로 노파의 목소리가 꽂혔다.

"멀쩡하게 생긴 중이 저렇게 가는 꼴 좀 보게!"

사뭇 야유하는 어투였다.

기분이 상한 객승이 이 사실을 조주 선사에게 말하니, 조주 선사가 말했다.

"내가 가서 시험해 보고 버릇을 고쳐줄 테니 기다리고 있거라."

다음날 조주 선사가 가서 물으니, 노파는 전날 객승에게 하던 말과 똑같은 말을 했다.

조주 선사가 돌아와서 그 객승에게 말했다.

"내가 자네를 위해 점검을 끝마쳤네."

『종용록』을 보면, 이 노파는 평소 무착 선사를 따라 절을 다니면서, 이미 상당한 안목을 갖춘 경지에 올라 있었다고 한다. 노파가 "곧장 가시오." 라고 한 후, 가르쳐 주는 길을 따라 가는 스님의 등 뒤에다 대고 "멀쩡한 스님이 또 저렇게 가는구나!" 라고 한 것은 곧 자신에게 있는 부처와 문수보살을 살필 줄 모르고 오대산의 문수보살은 뭣 하러 찾아가는가 하는 의미가 들어 있다. 즉 "곧장 가시오." 하는 말에는 이리 저리 밖으로 다른 길을 찾아 헤매지 말고 자기의 마음을 곧바로 보라는 '직지인심(直指人心)' 의 도리가 담겨져 있다.

영흥 스님의 바닷가 고향마을

전생의 인연과 출가

훗날 스스로 전생 일을 살펴보게 되었다. 여러 생(生) 동안 나는 수행승이었다. 바로 전생에도 한 수행승으로서 산속 작은 토굴에서 수행하던 중 문득 한 생각 따라 몸은 두고 혼만 빠져나와 세상 나들이를 하던 중 동해바다 한 어촌 마을을 지나게 되었다. 그 날은 진종일 늦은 봄비가 온 마을을 뿌옇게 내리고 있는데, 길가에 있는 한 집 뒤뜰에서 한 여인이 칠성단을 마련해 놓고 지극정성으로 칠성님께 아들 하나 점지해 달라고 빗속에서 기도 드리고 있었다. 기도 드리는 그 모습이 너무나 거룩하게 보였고 한편으로는 너무나 측은하게 보여서 내가 아들이 되어주겠다고 그 집으로 들어간 것이 다시 지금 세상에 태어난 인연이 되었다.

아버님은 김해 김 씨, 바다 해 자, 꿈 몽 자인 김해몽(金海夢)이요, 어머님은 영일 정 씨, 응할 응 자, 하늘 천 자, 정응천(鄭應天) 이다. 두 분은 그대로 천심이요 본심이어서, 불심이 지극정성으로 깊으신 분이었다. 그날 아버님 꿈에 한 스님이 사자를 타고 고향 고갯마루를 넘어오는 것을 보았고, 어머님 꿈에는 휘황찬란한 봉황새 한 마리가 방으로 들어온 것을 안았다고 했다.

나는 정해년(丁亥年, 1947년) 4월 26일 유시(酉時)에 경북 울진군 울진면 연지리 1구 101번지에 태어났다. 위로는 누님이 다섯 분이요, 여섯 번째 막내 외아들로 태어났다. 세 살 때 방구들을 고쳐 다시 불을 넣은 방에 눕게 되었는데, 그날부터 습기가 몸에 침범해서 왼쪽 다리가 마비가 되어 절룩절룩절룩 절룩바리가 됐다.

이는 금생의 원인 보다는 전생의 업보였다. 수행정진 중 문득 어느 전생을 보게 되었는데, 임진왜란 때 승병(수병)으로 참여한 전쟁 업보였다. 인과응보는 틀림이 없는 것이다. 콩 심으면 콩 나고 팥 심으면 팥 나는 것을 누가 부정한단 말인가. 행복도, 불행도, 성공도, 실패도 부자도, 가난도, 잘 나고 못난 것 모두 다 자기 자신에게 있는 것이니, 항상 스스로를 살펴 실다워야 할 것이다.

우리 집은 평범했지만 조금은 부유한 서민계층이었다. 나는 무럭무럭 씩씩하게 자랐다. 의롭게 마음껏 뛰놀고 마음껏 공부하면서 말이다. 동네 몇 살 위의 짓궂은 아이들이 가끔 절룩바리라고 놀려서 약간은 분하고 억울하고 슬펐지만, 이것도 당연한 나의 업보라 생각하니 아이들이 미워지지 않았다.

초등학교 1학년 일곱 살 때 가을 운동회가 열린 날이었다. 반 아이들과 여러 명 나누어 달리기를 했는데, 출발을 알리는 딱총 소리가 나자마자 1등으로 저만치 달리고 있는데, 난데없이 운동장이 떠나갈 듯 '절룩바리 만세!' 라는 환호와 박수 소리가 그때 나의 뒤통수를 벼락 치듯 때렸다. 그때 비로소 '내가 절룩바리구나.' 하고 자각이 됐다. 동시에 나 자체(본성)도 함께 자각 되었다. 이후로 세상과 인생에 대한 자각이 열려 나갔다. 돌이켜보니 그때가 나의 첫 깨달음이었는지 모른다.

그후 초등학교 6학년 봄에 어떤 일이 있어서 마음을 결정해야 했는데, 가만히 내 마음의 전체를 들여다 보게 되었다. 내 자신의 마음바탕은 본래로 그 어느 것에도 물들거나 흔들리거나 막힘없이 소신대로 여여부동한 자리임을 다시 확인하게 되었다. 그리고 쓰게 되었다.

훗날 스스로 절룩절룩절룩 하는 이 모습, 이 행이야말로 '천상천하 유아독존'의 쌍차쌍조한 체용의 항사묘용의 절묘한 진여실상의 실참실행임이 거듭 자각되었고 확인되었다. 그야말로 부증불감이자 만고광명인 것이었다.

내가 절룩절룩절룩 하고 걸을 때마다 부처님의 팔만사천 법문을 그대로 설하고, 삼세 조사의 정법안장(正法眼藏 : 석가모니 부처님께서 이심전심으로 가섭 존자에게 전한 후 33조사 이래 5가(家) 7종(宗)에 면면히 전해진 불교의 핵심 진리)을 그대로 드러낸 것임을 다시 의심치 않게 되었다. 어디 절룩절룩절룩 걸을 때 뿐이랴. 앉고 서고 가고 오고 머물고, 말할 때나 침묵할 때나, 움직이거나 고요할 때나, 일체처 일체시에 삼라만상 그대로가 팔만사천 법문이요, 조불조사(祖佛祖師 : 할아버지 부처와 조사)와 일체중생의 똑같은 안심입명처(安心立命處 : 완전히 평정(平定)한 편안함에 달한 마음의 상태, 열반)인 것이다.

나는 차츰차츰 소년에서 청년으로 자라면서 내 인생에 대해서, 또 이 세상에 대해서 내가 무엇을 하고 어떻게 해야 하는지 깊이 고민하고 설계하면서 하나하나 실천해 나갔다. 굶주림과 질병과 가난과 무지와 다툼과 전쟁이 없는 세상을 만들고 싶은, 이것이 나의 화두였다. 그래서 안으로 나 자신의 힘을 키우고 밖으로 사회복지에 대해서 내 생명과 청춘을 다 바치기로 했다. 이 세상 어두운 곳을 찾아다니면서 함께 민생고를 해결하면서 무슨 일이든지 마다하지 않고 열심히 했다.

그러던 중 내 나이 21살, 음력 7월 7일 칠석날 문득 망월사를 찾아갔다. 다음 날 10시쯤 조실문을 열고 들어가 세간과 출세간의 큰 스승이신 춘성 큰스님을 뵙고 언하(言下)에 나와 인생, 이 세상에 대한 큰 깨달음을 다시 한번 자각하고 확인하여 스스로 증명할 수 있었다.

훗날 내가 중이 되어 고향집으로 잠시 와 머물게 되었다. 당시에 셋째 누님께서 말씀하시길, 아기 때 나를 등에 업고 잠을 재우고 있는데 노스님 한 분이 찾아 와서, "앞으로 누럭누럭 떨어진 옷을 이 아기에게 입혀서 키우고, 21살 때 서울 도봉산 망월사로 보내라."고 신신당부 하셨다는 것이다. 돌이켜보니 불현듯 21살 때 도봉산 망월사를 스스로 찾은 것이 전생부터 이어져 온 수행의 연장선상에서 벌어진 필연적인 시절인연이었던 것이다.

그날 춘성 큰스님을 친견한 후에 망월사에서 다시 시중으로 돌아와 3년 동안 복지활동에 힘쓰던 중 어느날 문득 이 세상을 구하지 못하는 것이 세속적인 물질문명 때문만이 아니라 사람과 사람의 마음과 마음이 아낌없이 열리지 않아서 이 세상이 항상 어두움에 쌓여 있구나 하는 자괴감이 들었다. 그렇다면 그칠 줄 모르는 오탁악세(五濁惡世)의 질곡에서 진정 나를 구하고 세상을 구할 수 있는 것은 누구나 스스로 근원적, 필연적이고 본래부터 구족되어 있는 불심의 불법밖에 없구나 하고 결론이 나왔다. 이 불법의 자기화, 본래화, 생명화, 생활화, 민중화, 세계화, 불국토화를 위해서는 이를 이끌고 뒷받침해 줄 도인이 많이 나와야 하고, 이를 위해서는 이미 출가해서 수행정진하고 있는 스님들부터 도인이 되어야 할 것이라고 생각했다.

나는 우선 도인을 많이 출현시키기 위해서 마침내 출가를 결행하기로 했다. 캄캄한 이 세상을 끝없이 밝히는 한 가닥 빛이 되고자, 목마른 이 세상에 메마르지 않는 한 조롱박 감로수가 되고자 부처님 출가의 뜻을 본받아 구구절절 사무친 서원과 원력과 신심으로 내 나이 24살 음력 2월 8일(부처님 출가일) 도봉산 망월사로 다시 향했다.

나의 출가시다.

꽃은 떨어지고
새는 노래를 잃고

하늘은 그 빛을 잃었도다.

이 가운데 홀로 웃음 띠고 가노라.

그날 망월사에 도착하자 마자 조실방을 찾아갔다. 문을 두드리니 아무 기척이 없었다. 활짝 문을 열어 젖히니 방안은 역시 텅 비어 있었다. 성큼 방 안에 들어가 가부좌를 틀고 앉아 있었다. 춘성 큰 스님을 기다린 것이다.

아무리 시간이 지나도 춘성 큰스님은 돌아오지 않고 키가 9척 같이 크고 누더기 옷에 검은 수염, 푸른 눈빛이 형형한 수좌스님(입승) 한 분이 성큼 들어서자마자 다짜고짜 내 멱살을 움켜잡고 흔들어대며 "너는 누구냐?" 하고 고함 질렀다.

순식간에 나도 수좌스님의 멱살을 움켜잡고 흔들며 "너는 누구냐?" 하며 되물어 고함쳤다. 전광석화(電光石火) 같은 나의 불호령에 얼떨떨해진 수좌스님은 자신도 모르게 당황하며 풀이 꺾여 나의 멱살을 풀어주었다.

곧바로 나도 수좌스님의 멱살을 풀었다. 그러자 서로 쳐다보며 한바탕 껄껄껄 크게 웃었다. 새로 입승직을 맡은 이 스님은 수덕사 정혜사에서 오래 정진하셨던 고참 수좌도인 종대 스님이었다. 그때는 해제철이라 선방 대중은 망월사 원주직을 맡아서 살림살이를 하며 정진하신 분이 송광사 구산 방장스님의 상좌인 현주 스님과 또 한 분의 수좌스님, 그리고 나하고 넷 뿐이었다.

나는 춘성 큰스님을 기다리며 한 달이 넘도록 열심히 행자생활을 했다. 채공(菜供 : 반찬담당), 부목(負木 : 땔나무 하는 소임), 청소, 공양주 일을 하며 무슨 한이 그렇게 많은지 이른 봄 피 토하며 울부짖는 두견새 노래소리와 함께 하며 정진했다.

어느 날 객스님을 통해 춘성 큰스님께서 만행 중 강화 보문사에 머물고 계시다는 소식을 접하자 강화 보문사를 찾아 가기로 했다. 이튿날 새벽, 간다 온다 한 마디 말도 없이 망월사를 내려 왔다.

대광명의 자수용삼매(自受用三昧)

강화 보문사를 찾아가기 전에 사당동에 있는 큰누님의 아들인 조카를 잠시 만나러 갔다. 조카는 침통하게 고향에 계신 나의 아버님이 돌아가셨다는 소식을 전했다. 순간 나는 하늘이 무너져 내려앉는 충격과 큰 슬픔에 잠겼다. 나를 낳아주시고 길러주신 부모님의 은혜를 멀리한 채 이 세상 어두운 곳을 헤집고 다녔으니, 불효의 회한과 아픔이 마음 속으로 걷잡을 수 없었다. 이 세상 외진 곳에 혼자 계실 연로하신 어머님은 누가 모실까 하는 걱정도 떨칠 수 없었다. 일단 춘성 큰스님 찾아가는 일은 훗날로 미루고 고향으로 돌아왔다.

고향에 돌아오니 돌아가셨다는 아버님은 아직 돌아가시지 않고 깊은 병환 중에 계셨다. 금의환향(錦衣還鄕)은 못했지만 아버님과 어머님은 너무 기뻐해 주셨다. 나는 불행 중 다행이라 할까 얼마 남지 않은 기간이나마 이 세상에서 억만 분의 일이나마 아버님께 효도를 할 수 있어서 조금은 위안이 되었다. 정성껏 약을 구해 달여 올리고 미음(米飮)도 끓여 드시게 했다.

어느 날 아침 밥상을 차려 방으로 들어가려는데, 갑자기 나의 머리 속에 수억 개의 해가 비치는 것보다 밝은 광명이 순식간에 찬란히 빛나더니 사라졌다. 그냥 그런가 보다 접어두고 아버님 밥상을 물리고 설거지를 한 후 잠시 고향 앞 바다가 바로 눈앞에 펼쳐 보이는 둔덕으로 산책을 나갔다. 둔덕에 서서 한없이 탁 트여 광활하게 펼쳐진 푸른 동해바다를 넋 놓고 바라보다가 문득 고개를 드는 순간, 하늘 동쪽과 서쪽에 떠 있던 해와 달이 동시에 내 가슴에 안겨 들어왔다.

나는 순식간에 산에는 산이 있고 바다에는 바다가 있는 대광명의 자수용삼매(自受用三昧)를 얻는 큰 깨달음을 체험했다. 삼라만상이 있는 그대로 원융무애한 진여실상의 영원한 대생명의 대 안심입명처였다. 내 나이 24살 음력 2월 11일 10시 쯤이었다.

내 나이 21살 음력 7월 8일 10시쯤 망월사 조실방에서 춘성 큰스님의 말끝에 첫 깨달음을 얻은 후 이번에는 고향 앞 바다가 보이는 둔덕에서 문득 고개를 드는 순간, 하늘에 해와 달이 동시에 쌍으로 내 품에 안기면서 두 번째의 큰 깨달음을 맛보고 누리게 된 것이다. 깨달음의 바탕은 같았지만 더욱 절실한 실감은 새로웠다. 만고의 이 기쁨을 뉘와 함께 나누랴.

아버님은 음력 3월 5일 4시쯤, 다음 생엔 출가해서 큰 도인이 되길 서원하면서 앉은 채로 살포시 미소 지으면서 돌아가셨다. 너무나 평화로워 보이셨다. 그리고 끝없는 고요 적멸낙을 마지막 유산처럼 내게 보여주시면서 다음 생으로 가셨다.

음력 6월 중순쯤, 연로하신 어머님을 홀로 두고 출가의 연장선상에서 나는 다시 춘성 큰스님을 찾아 고향집을 나섰다. 굽이굽이 돌아돌아 정류장으로 가는 길따라 기꺼이 어머님은 뒤따라 오셔서 당신 걱정은 하지 말고 품은 뜻을 꼭 펴라는 당부의 손짓을 해 주시었다. 더 큰 은혜를 위해서라도 나는 기필코 이 길을 가는 것이다.

사족

운허 스님의 『불교사전』은 '자수용삼매'를 이렇게 정의하고 있다.

"자수용삼매(自受用三昧) 또는 삼매왕삼매(三昧王三昧) · 자증삼매(自證三昧)라 함. 선종에서는 부처님과 조사들이 바로 전하는 불조의 안목(眼目)이라 하며, 또 보리를 증득하는 묘한 방법이라 하니, 곧 좌선의 묘한 방법과 당체인 것을 이렇게 말함. 이것은 타수용에 상대하는 것이 아니며, 이 삼매 밖에는 타수용도 다른 물건도 없고, 온 법계가 남김없이 모두 이 자수용삼매에 증인(證引)되는 것임. 이것은 모든 불조들의 경계로서 다른 이가 엿볼 수 없으며, 우리는 이 삼매에 의하여 불조와 동참하게 됨."

『선문염송』에는 이러한 자수용삼매의 구체적인 예가 언급되고 있다.

서천(西天)의 대이삼장이 서울에 왔는데 타심통을 얻었다는 소문이 퍼졌다.

숙종이 혜충 국사에게 시험해 보라하니, 국사가 묻되

"그대가 타심통을 얻었다니 사실인가?"

"감히 그렇지 못합니다."

"그대는 내가 지금 어디에 있는지 말해보라."

"화상은 한 나라의 스승이거늘 어찌 서천에 가셔서 유람선을 구경하십니까?"

국사가 양구(良久) 했다가 다시 묻되

"지금은 내가 어디에 있는지 말해 보라."

"화상은 한 나라의 스승이시거늘 어찌 천진교에 가셔서 원숭이 놀음을 구경하십니까?"

국사가 다시 세 번 째 질문을 하니, 삼장이 어쩔 줄 모르거늘 국사가 꾸짖되

"이 들여우 같은 놈아, 타심통이 어디에 있는가?" 하니, 삼장이 대답이 없었다.

앙산 선사가 이 공안에 대해 말하되

"앞의 두 차례는 국사가 경계에 끄달리는 마음이었고, 나중에는 자수용삼매(自受用三昧)에 들었다. 그 까닭에 대이삼장이 보지 못했다."

무위진인,
서옹 큰스님과의 첫 만남

오로지 춘성 큰스님을 마음에 두고 큰스님을 찾아가는 길에 문경 봉암사 조실로 계시는 서옹(西翁, 1912~2003) 큰스님을 뵙기로 했다. 영주역에서 열차를 타고 점촌으로 가는 도중 창 밖을 보니 하늘을 배경으로 우람하게 높이 솟은 큰 산을 보았다. 마치 하늘에 있는 큰 산을 보는 것 같았다. 너무나 우렁차고 장엄하고 성스러워 보였다. 점촌에서 버스를 타고 봉암사를 찾아가니 바로 봉암사가 자리잡은 희양산이었다.

봉암사는 하안거 결제중었다. 마침 서옹 큰스님께서 대웅전에서 선방 수좌스님들께 『임제록』을 법문하고 계셨다. 처음 서옹 큰스님을 뵙는 순간 학처럼 너무나 고귀하고 숭고해 보였다. 그리고 흰 연꽃처럼 끝없이 순수해 보이고 맑고 깨끗해 보였다. 그대로 청풍명월(淸風明月) 우담바라였다. 나는 조용히 대웅전 법당 끝자리에 들어서서 큰절을 세 번 올린 후 편안하게 앉아 서옹 큰스님의 임제록 법문을 듣게 되었다.

서옹 큰스님의 임제록 법문 중에 "곳곳마다 주인이 된다[隨處作主]"는 말씀에 나도 모르게 빙긋이 웃었다. 서옹 큰스님께서 대웅전 법당 구석에 처음 와서 앉아있는 나를 이미 감지하는 것 같았다.

훗날 나도 『임제록』을 보게 되었는데, 어떤 수좌가 임제 스님께 묻기를

"어떤 것이 부처입니까?" 하니,

임제 스님께서 답하길,

"아무 의지함이 없나니라."

한 구절에 나는 돈오돈수라는 것을 새삼 확인하였고,

다시 황벽 스님 어록 가운데 어떤 수좌가 황벽 스님께 묻기를,

"어떤 것이 부처입니까?" 하니,

황벽 스님께서 답하길

"몸도 마음도 다 내던져 버려라."

한 구절에 나는 돈오돈수 마저 내던져 버릴 줄 알았다.

뒷날 공주 금강에서 혼자 방생을 한 후 강가에 앉아서 하염없이 유유히 흘러가는 강물을 바라보다가, 나는 내던져버린 돈오돈수를 돈오점수와 돈오돈수를 초월한 돈오돈수를, 돈오돈수마저 초월한 돈오돈수를 다시 가져 쓰고 누릴 줄 알게 되었다.

드디어 법회가 끝나고 조실방에서 서옹 큰스님을 친견했다. 큰스

님께 큰절을 세 번 올리고 딱 버티고 앉으니 큰스님께서 물었다.

"어디서 왔는고?"

"앞산, 뒷산입니다."

"어떻게 왔는고?"

"앞산에는 뻐꾹뻐꾹뻐꾹이요, 뒷산에는 부엉부엉부엉입니다."

"어째서 그러한고?"

"봄에는 봄꽃 피우고 가을에는 가을열매 거둡니다."

서옹 큰스님께서 한참이나 묵묵히 나를 보더니,

"그대가 이곳에서 지금 출가함이 어떠한고?"

"어떤 것이 출가입니까?"

"흰 학을 거꾸로 타고 만 세상에 꽃비를 뿌림이로다."

"그렇다면 출가 하겠습니다."

"안 된다. 그대는 출가할 수 없다."

"조금 전에는 당장 출가를 권하더니, 왜 지금은 안 된다 합니까?"

"보아하니 그대가 절룩바리이기 때문이다."

"삼세 제불과 역대 조사가 다 절룩바리입니다."

"어째서 그러한고?"

"동남풍에 앉아 남동풍을 즐깁니다."

"그대가 오늘 삼세 제불과 역대 조사의 은혜를 다 갚는구나."

"쑥국 쑥밥은 붉고 흰 꽃이요, 콩떡 팥떡은 산호열매 계수열매입니다."

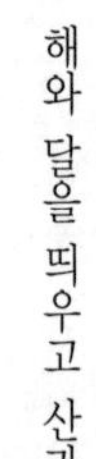

순간, 서옹 큰스님께서 벼락같이 '할!' 을 하시었다.

"아이고! 아이고! 아이고!"

나는 곡을 하면서 큰절을 세 번 올리며

"훗날 인연이 있다면 다시 뵙겠습니다." 하고선

당장 잡고 싶어 하시는 서옹 큰스님 앞에서 물러 나왔다.

사족

임제 선사는 색성향미촉법의 세계에 살면서 일체의 경계에 속박되는 인혹(人惑)과 경혹(境惑)을 받지 않고, 모든 경계를 마음대로 활용하는 사람을 '의지함이 없는 도인[無依道人]' 이라 설한다. 임제 선사는 그러한 사람을 '일체의 경계를 마음대로 활용하는 사람[乘境底人]' 또는 지위에 얽매이지 않는 '무위진인(無位眞人)', 일없이 한가한 '무사인(無事人)' 이라 부르기도 한다.

황벽 선사가 『전심법요』에서 "하루 종일 일체의 모든 일을 떠나지 않고, 일체의 경계에 속박되지 않는 사람을 자유자재한 사람"이라고 했는데, 이 역시 무위진인을 말함이다. 임제 선사가 "곳에 따라 주인이 되어야 자신이 있는 그 곳이 진실된 세계가 되리라[隨處作主 立處皆眞]."고 주장하고 있는 '주인' 과 같은 말이다. 여기서 "곳에 따라 주인이 되어야 한다."는 말은 언제 어디서라도 자기의 본래심을 잊어버리지 않아야 한다는 것이다. 일체의 경계나 대상에 제약을 받지 않는 마음의 작용, 그 자체가 진실의 세계가 된다는 뜻이다.

임제 선사는 만물에 의지하지 않고 살아가는 주인을 '무의도인(無依道人)'이라고 부르며, 그 경지를 이렇게 설명하고 있다.

"무의도인은 곳곳에도 막히거나 걸림이 없고 시방세계와 삼계에 자유자재하며, 일체의 경계와 차별세계에 들어갈지라도 경계가 그를 바꿀 수가 없다 … 무의도인은 여러 국토를 유희하면서 중생을 교화하지만 일찍이 일념이라도 여읜 적이 없이 어디서나 청정하여 광명이 시방세계에 두루 비춘다."(임제록)

물론 임제 선사의 무의도인이나 무위진인, 주인공 등을 고정된 실체로 생각해서는 안 된다. 한 물건도 없는 본래무일물(本來無一物)의 자리는 그 어떤 개념으로도 규정할 수 없는 것이기 때문이다. 임제 선사가 "무위진인, 이 무슨 똥덩어리 같은 말이냐!"라며, 무위진인을 실체시하는 학인을 비판하고 있는 법문을 깊이 살필 필요가 있다. 주인공이니, 불성이니, 무위진인이니 하는 말에 집착하는 순간, 그것은 이미 그것이 아니기 때문이다.

관음보살의 화현, 거지 여인

내친김에 나는 수덕사를 찾았다. 그날은 폭풍우가 지나간 어스름 달밤이었다. 발걸음 가는대로 맡기니, 바로 수덕사 대웅전 앞이었다. 순간 대웅전 가운데 문이 활짝 열리면서 갈갈이 찢어지고 떨어진 때 투성이 옷과 아무렇게나 길게 헝클어진 머리카락과 피고름이 뚝뚝 떨어지는 맨발의 거지여인이 빙그레 웃으면서 앞을 막아섰다. 눈빛은 한없이 맑고 밝고 푸르고 자비로웠다.

순간 내 가슴은 벅차고 감격스러웠다. 그리고 넋을 잃었다. 내가 고향집을 떠나올 때 울진 시장바닥을 지나오게 됐는데, 그때 시장바닥을 헤매고 다니던 그 거지 여인이었다.

나도 모르게 탄성이 나왔다.

"아! 관음보살이여, 관음보살이여, 관음보살이여!"

나도 모르게 그 거지 여인을 꼭 안았다. 순간 나의 온 마음과 전신을 뒤덮고, 온 세상을 뒤덮는 황홀한 향기에 빠져들었다. 얼마나

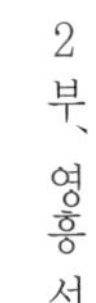

시간이 흘렀는지 다시 정신을 차리고 보니 대웅전 법당 안 부처님 앞에 내가 편안히 앉아 있었다. 나도 모르게 주르륵 눈물이 흘렀다. 생시였을까? 꿈이었을까? 환상이었을까? 나는 지금도 그때가 생시였다고 돌이켜 회상한다.

사족

관세음보살은 세상의 모든 중생이 해탈할 때까지 성불하지 않겠다는 보살의 서원을 가장 잘 보여준다. 여러 보살들 가운데 가장 친숙하며, 대승불교의 보살 개념을 받아들이지 않는 상좌부(上座部)에서 조차 숭배할 만큼 모든 불교에서 가장 널리 숭앙받고 있다. 관세음보살은 아미타불의 화신으로서 이 세상에 나타나며, 이 때문에 쓰고 있는 보관(寶冠)에는 아미타불의 모습이 새겨져 있다.

그는 석가모니불의 입적 이후부터 미래불인 미륵불이 나타날 때까지, 난파, 화재, 암살, 도둑, 사나운 짐승들에 의한 피해 등으로부터 세상을 지켜주며, 구제할 중생의 근기에 맞추어 33가지의 몸으로 세상에 나타난다. 영흥 스님의 체험에서 보는 바와 같이, 주로 자비로운 여인의 몸으로 나타나는 경우가 많다.

원담 스님 _ 그대는 지금 어느 곳에 있는고?

이튿날 9시쯤 수덕사 조실방에 들어서니 벽초 방장스님, 혜암 조실스님, 원담 주지스님이 함께 차를 마시고 있었다.

나는 넙죽 큰절을 세 번 올리고 여쭈었다.
"백 년 후에 큰스님께옵선 어디에 계십니까?"
원담 주지(지금은 방장)스님께서 되물었다.
"그대는 지금 어느 곳에 있는고?"
"하!"
이번에는 혜암 조실스님께서 물었다.
"그게 무슨 소리인고?"
내가 문득 일어나 둥실둥실둥실 춤을 추니,
벽초 방장스님께서 다시 물었다.
"그만, 그만, 그만. 춤 춘 후는 어떠한고?"
"학은 날리고 봉황은 거둡니다."

동시에 벽초 방장스님, 혜암 조실스님, 원담 주지스님이 '억!' 소리를 지르며 혀를 내두르시었다.

나는 다시 큰절 세 번 올리고 물러 나왔다.

사족

영흥 스님의 "백 년 후에 큰스님께옵선 어디에 계십니까?" 하는 질문은 일종의 낚시밥 같은 시험하는 질문이다. 선(禪)은 오로지 과거도 미래도 아닌 '지금 여기 이것' 만을 문제삼기 때문이다. 그래서 원담 스님은 "그대는 지금 어느 곳에 있는고?" 하고 되묻는 것이다.

이 문답은 『금강경』의 "과거심 불가득(過去心不可得) 현재심 불가득(現在心不可得) 미래심 불가득(未來心不可得)"이란 법문을 상기시키는 법문이기도 하다. 역대 선사들은 깨달음과 열반은 저 멀리 설정된 이상향이 아니라고 본다. 지금 이 순간 깨어있다면 찰나찰나가 축제라는 것이다. 물론 '날마다 좋은 날' 이 되기 위해서는 철저히 '나' 와 '나의 것' 이라는 생각을 내려 놓아야 한다. 과거에 대한 집착이나 후회, 미래에 대한 갈망이나 탐욕을 버리고, 언제 어디서나 지금 마주한 일 또는 사물과 하나 되어야 한다. 이와 관련, 임제 선사는 『임제록』에서 "바로 지금이지 다시 다른 시절이 없다(卽時現今更無時節)."고 일갈한 바 있다.

전강 스님 _ 판때기 이빨에 털난 도리

다시 내친김에 나는 인천 용화사 전강(田岡, 1898~1975) 조실스님을 찾아갔다. 마침 방선 시간이라 전강 조실스님께서 선방 문 밖을 막 나서려고 하고, 나는 선방 앞 뜨락 언덕 위에 막 다가섰는데, 전격적으로 서로 눈길이 마주쳤다. 그 순간 순식간에 그대로 이심전심을 느꼈다. 서로가 서로를 다 알아버렸다. 이렇게 이심전심을 송두리째 실감해 본 적이 없었다. 더 이상 나눌 것이 없기에 문득 합장을 하고 돌아서려는데 전강 조실스님께서 단호하게 소리쳤다.

"높은 곳에서 절하는 법 아녀."

나는 얼른 뜨락 밑으로 내려가 합장을 했다.

조실스님께서 다시 단호하게 소리쳤다.

"낮은 곳에서 절하는 법 아녀."

나는 얼른 마주 보는 중간 똑같은 선방 뜨락에 올라와 합장을 했다.

조실스님께서 다시 단호하게 소리쳤다.

"중간에서도 절하는 법 아녀."

나는 얼른 여쭈었다.

"그럼 어느 곳에서 절해야 합니까?"

조실스님께서 순간 몸을 돌리시더니 말 없이 잡풀을 뽑고만 있었다.

나는 "큰스님!" 하고 소리쳤다.

그러자 전강 조실스님께서 고개를 돌렸다.

"절룩절룩절룩입니다."

나는 힘차게 소리치며 더욱 절룩절룩절룩 하는 시늉을 하며 한 바퀴 원을 그리며 돌았다. 전강 조실스님께서 점검하고자 소리쳐 물었다.

"판때기 이빨에 털난 도리가 뭐여?"

"아침은 서울에서 먹고, 점심은 미국에서 먹고, 저녁은 소련에서 먹습니다."

전강 조실스님께서 "억!" 소리치며 혀를 내두르셨다.

나는 빙그레 웃으며 한 손가락으로 조실스님 발밑을 가리키고, 절룩절룩절룩 세 번 절룩이곤 그대로 와버렸다.

사족

'판때기 이빨(앞이빨)에 털난 도리'는 대표적인 화두인 '판치생모(板齒生毛)'를 말한다. 전강 스님이 후학들을 제접할 때 주로 사용한 이 공안은 『조주록』에 나온다.

어떤 스님이 조주 스님께 여쭈었다.

"어떤 것이 조사가 서쪽에서 오신 뜻입니까(如何是祖師西來意)?"

스님께서 답하셨다.

"판치생모(板齒生毛)니라."

'판치생모' 화두 드는 요령에 대해 전강 스님은 생전에 이런 법문을 한 바 있다.

"어떤 스님이 조주 스님께 묻되, '어떤 것이 조사서래의 입니까?' 하니 답하시되, '판치생모니라.' 하셨다. 그러면 조주 스님은 어째서 판치생모라 했을까? 이 화두도 '무자' 화두와 같이 '판치생모'에 뜻이 있는 것이 아니고 판치생모라고 말씀하신 조주 스님께 뜻이 있는 것이니, 학자들은 꼭 조주 스님의 뜻을 참구할 지어다."(언하대오)

조주 스님께서는 불교의 대의를 묻는 질문에 왜 판치생모라고 대답을 하셨을까? 하고 의심을 해 나가는 게 화두공부의 요령이라는 것이다. 그렇게 깊이 의심하고 의심해 가다 보면 행주좌와 어묵동정간에 일상에서의 모든 생각이 화두 일념이 되고 시시비비와 오욕락의 중생심을 잊고, 머지 않아 마음과 우주의 이치를 통렬하게 깨닫게 되어 대자유인이 되는 것이다.

혜월 스님 _ 한 달빛이 천강을 비춘 뜻은?

마침내 강화도 보문사를 찾아갔다. 그러나 고대했던 춘성 큰스님은 이미 떠나고 없었다. 아쉽고 그리운 마음 더욱 안고 다시 춘성 큰스님 계신 곳을 수소문 하며 계시다는 곳을 찾아갔지만, 이미 떠나고 또 떠나고 기약이 없었다.

나는 어느 결 바람 따라, 구름 따라, 강물 따라, 길 따라, 인연 따라 통영 미래사 효봉 큰스님 토굴에 흘러가게 되었다. 미래사는 석두 큰스님이 열반하신 곳이다. 앞 뜨락 산 끝자락에 석두 큰스님의 상좌요 법제자인 효봉 큰스님이 지으신 토굴이 있는데, 그 토굴에 효봉 큰스님의 상좌이자 숨은 도인인 혜월 스님이 정진하고 계셨다.

큰절 세 번 올리니 스님이 한참 말없이 바라보다가 물었다.

"그대는 어디서 왔는고?"

"산호열매는 거두고 계수열매는 뿌립니다."

"한 달 빛이 천강을 비춘다는 것은 무엇인고?"

"산은 산으로 보내고, 물은 물로 보냅니다."

"마지막 한 구절은 무엇인고?"

"스님에게 온 천하를 맡기고 온 천하를 행합니다."

"필경 무엇인고?"

"동풍을 팔아 호떡을 사서 천하를 배불립니다."

"호떡 맛이 어떠한고?"

"스님께서 날마다 바다 달을 굴립니다."

"경사로다, 경사로다, 경사로다. 세간과 출세간의 큰 경사로다. 이제 그대 이름을 '경사 경' 자 '으뜸 원' 자 경원(慶元)이라 부르리라."

"누구나 언제나 좋은 시절입니다."

혜월 도인스님께서 앉은 채로 어린 아이처럼 좋아하시면서 덩실덩실덩실 춤을 추셨다. 나도 앉은 채로 어린 아이처럼 좋아하며 덩실덩실덩실 춤을 추었다. 이와 같은 마음으로 함께 한 달을 지냈다. 나는 이 생에서 사는 날까지 함께 살았으면 하는 혜월 도인 스님께 다음 생을 기약하며 큰절 세 번 올리고 물러 나왔다.

사족

'한 달 빛이 천강을 비춘다'는 것, 즉 월인천강(月印千江)은 일반적으로 '부처가 수많은 세상에 몸을 바꾸어 태어나 중생을 교화하심이 마치 달이 천 개가 넘는 수많은 강에 비치는 것과 같다.' 고 풀이한다. 즉 '달' 은 부처님을 비유하는 것이고 '강' 은 중생을 뜻한다고 보는 것이다.

그러나 이런 해석은 격식 밖의 깊은 도리를 지나치게 한정하는 설명이 아닐 수 없다. 여기에는 이 보다 더 깊은 뜻이 들어있다.

본래의 달과, 천개의 강에 비친 달은 서로 같은 것도 아니요, 그렇다고 전혀 다른 별개의 것도 아니어서 '불일불이(不一不二)' 의 존재 실상을 상징하는 말인 것이다. 부처와 중생, 진여(眞如)와 생멸(生滅), 보리와 번뇌, 열반과 생사, 공(空)과 색(色)이 둘도 아니요 하나도 아닌 중도실상(中道實相)을 멋드러지게 표현한 말이 월인천강이라 할 수 있다.

석암 스님 _ 오늘 또 다른 석가가 탄생했구나

나는 다시 만행 길을 따라 진주에서 잠시 머물다가 음력 4월 8일 부처님오신날 봉축 법회가 열린 부산 범어사까지 왔다. 야단법석의 법좌를 마련해 놓고 법석에 모인 비구, 비구니, 우바이, 우바새, 사부대중 여러분께 법을 설하시고 법상에서 내려오는 석암 큰스님 앞에 내가 성큼 가서 나무 지팡이를 '쿵!' 하고 울리며 여쭈었다.

"이것이 무슨 물건입니까?"

"그대가 일러보라!"

"봄에는 봄을 펼치고, 가을에는 가을을 거둡니다."

"오늘 또 다른 석가가 탄생했구나."

"예로부터 딴 석가는 없습니다."

"그대는 누구인고?"

"콩죽으로 온 시방을 배불리고, 온 시방을 태평케 합니다."

"만고(萬古)에 경사로구나, 만고에 경사로구나, 만고에 경사로구나."

"큰스님께서 항상 경사이십니다."

나는 웃으며 합장을 하고 물러섰다.

사족

나무 지팡이를 쿵 울리며 "이것은 무슨 물건입니까?" 한 질문은 주장자(拄杖子)를 빗대어 물건 아닌 '한 물건(一物)'을 묻는 화두이다.

육조 스님은 『육조단경』에서 "나에게 '한 물건'이 있는데, 위로 하늘을 받치고 아래로 땅을 괴었으며, 밝기는 일월 같고 검기는 칠통과 같아서, 항상 나의 동정하는 가운에 있으니, 이것이 무슨 물건인가?" 하고 '이 뭣고?' 화두를 제시하고 있다.

이 모양과 개념을 떠난 '한 물건'에 대해 부 대사는 「법신송」에서 "천지에 앞서 한 물건이 있으니, 형상 없고 본래 공적하며, 능히 만상의 주인이 되고, 사시 어느 때나 소멸됨이 없네." 라고 노래하고 있다.

물론 회양 스님이, 육조 스님의 "어떤 물건이 이렇게 왔는고?"라는 질문에 "설사 한 물건이라 해도 맞지 않다(設使一物也不中)"고 대답해서 인가를 받았듯이, 이 '한 물건' 역시 고정불변의 실체라고 여겨서도 안 된다.

영흥 스님은 "회양 스님이 '설사 한 물건이라 해도 맞지 않다.'고

답했을 때, 다시 육조 스님이 '설사 한 물건이 아니라 해도 맞지 않다'고 한 마디 더 했다면, 더욱 완전한 문답이 이뤄졌을 것"이라고 말한 적이 있다. 그리하면 '한 물건'을 중도적으로 더욱 오롯이 드러내지 않았겠느냐는 평이다.

금정산의 거지 도인

그리고 금정산 범어사 입구의 산내 암자인 사자암 뒤편으로 산책했다. 마침 산중의 바위 속 토굴에 기거하는 거지 노인을 만나게 되었다. 거지 노인은 옷차림은 거지지만 범상치 않았다. 웬지 서로 도반 같았다. 그래서 함께 바위굴 토굴에서 지내기로 했다.

1주일 동안 두문불출하며 정진하고 있는데, 1주일 내내 밤낮으로 번개, 벼락, 폭풍우가 사납게 몰아치더니 어느새 감쪽같이 번개, 벼락, 폭풍우가 멈추고 하늘은 더 없이 맑고 푸르고 풀잎은 더욱 싱그러운 향기를 내뿜었다.

1주일 용맹정진을 풀고 범어사 입구 쪽으로 산책을 나왔다. 순간 산비탈에 집채만한 바위가 뿌리까지 뽑혀 뒹굴고 있는 것을 보자마자 다시 한 번 가슴 벅찬 큰 깨달음이 왔다. 일체 본래면목(本來面目)의 근원인 나의 실체실용(實體實用)이 다시 확연히 계합되고 드러났다. 스스로 여여부동(如如不動)한 본래면목이 다시 한 번 똑같이 스스로 확인된 것이다. 내 나이 24살, 음력 4월 15일 10시쯤이었다. 나의 세 번 째 깨달음이었다.

걸음걸음마다 떨어진 꽃잎이 방광을 하고 있었다. 다시 바위굴 토굴에 돌아와 거지 노인과 유유자재하게 법담을 나누며서 정진도 하면서 얼마간 거지 생활을 했다.

향곡 스님 _ 어떤 물건이 이렇게 왔는고?

그리고 어느 날 나는 다시 만행 길에 나섰다. 동해안 월내 묘관음사 향곡(香谷, 1912~1978) 조실스님을 친견하게 됐다. 큰절을 세 번 올리니 우렁찬 목소리로 내게 물었다.

"어떤 물건이 이렇게 왔는고?"

"고기가 칼끝을 물었습니다."

"물기 전에 천 동가리 만 동가리 났느니라."

"고기 맛이 어떠하십니까?"

"어허!"

"봄에는 쑥떡이요, 가을에는 콩떡입니다."

"어허!"

"봄 빛 있는 곳에 왜 꽃은 핍니까?"

"나와는 무슨 상관이 있느냐?"

"빛 있는 곳에 밝지 않는 곳 없습니다."

"어허!"

"동풍을 펼쳐 팥죽을 먹고, 서풍을 거둬 콩죽을 먹습니다."

"어허!"

나는 큰절 세 번 올리고 물러나왔다. 이튿날 향곡 조실스님께서 시자를 보내어 찾기에 가서 큰절을 세 번 올리니, 이렇게 말씀하셨다.

"내 살림살이 그대에게 다 물려줬다."

"맵새는 맵새로 학이오. 학은 학으로 맵새입니다."

"좋다, 좋다. 좋은 살림살이로다."

나는 큰절 세 번 올리고 물러나왔다.

사족

"어떤 물건이 이렇게 왔는고?" 하는 질문은 부처님으로부터 역대 조사들이 참구해 왔지만, 육조혜능 스님이 비로소 드러내어 말했다는 '이 뭣고?' 화두의 연원이 된 공안이다. 『육조단경』에는 '이 뭣고?' 화두가 처음으로 등장하는 일화가 보인다.

남악회양 선사가 숭산에서 와서 육조 스님을 뵙자 육조 스님이 물었다.

"무슨 물건이 이렇게 왔는가?"

남악회양은 대답을 못하고 찔쩔 매었다. 남악회양은 8년 만에야 그 뜻을 깨치고 나서 이렇게 말했다.

"설사 한 물건이라 하여도 맞지 않습니다."

이로써 회양은 즉시에 한마음 돌이켜 자신의 본성을 깨닫는 견성(見性) 체험을 하고 육조 스님의 인가를 받았는데, 여기서 '무슨 물건'이 바로 '이 뭣고' 화두의 근원이 된 것이다.

사람마다 모두 가지고 있다는 이 본래면목을 설명하기 위해 마음이니, 불성이니, 주인공이니, 무일물(無一物)이니, 무위진인(無位眞人)이니 하는 등의 이름을 붙이지만 사실은 설명이 불가한 '그 무엇'이다. 모양과 형상이 없기에 말이 끊어지고 마음 길이 사라진 곳에서 스스로 체험하는 수밖에 없는 '거시기'인 것이다.

경봉 스님 _ 이 새끼, 도인 한번 되어 볼래

나는 다시 이리저리 만행 하다가 어스름 저녁 무렵 통도사 극락암 경봉(鏡峰, 1892~1982) 조실스님을 찾아갔다. 마침 객실 문 앞에서 경봉 조실스님을 친견했다.

경봉 조실스님께서 나를 보자마자 물었다.

"니 이름이 무어냐?"

"예, 종국이입니다."

"이 새끼, 도인 한 번 되어 볼래. 방으로 들어가자."

방으로 들어가서 큰스님께 큰절을 세 번 올리니, 또 다시 질문하셨다.

"니, 밥 먹었냐?"

"예, 먹었습니다."

"마음이 먹었냐? 몸이 먹었느냐?"

"지금 큰스님께서 말씀하신 그것은 무엇입니까?"

"다시 일러보라!"

순간, 내가 손바닥을 펼쳐 큰스님을 한 번 후려치는 시늉을 하니,

"다시 일러보라!"

하셨다. 이번엔 내가 손바닥을 활짝 펴 높이 들어 보이니, 경봉 큰스님께서 껄껄껄 소리높여 웃으시면서 말했다.

"시자야! 여기 사자새끼 한테 차 한 잔 갖다 드려라."

나는 앉은 채로 합장했다.

이튿날 경봉 조실스님을 다시 뵙고 큰절 세 번 올리고 여쭈었다.

"눈앞에 금덩어리가 있는데, 큰스님께서는 어찌 하겠습니까?"

순간 경봉 조실스님께서 당신이 깔고 앉았던 방석을 눈앞에 내밀며

"이 방석이 금덩어리와 같은가? 다른가?"

하고 되물었다.

"같고 다르고 간에 눈앞의 금덩어리를 정녕 어찌하겠습니까?"

"그대는 정녕 어찌 하겠는고?"

내가 얼른 방석을 잡아 높이 들어보이고 깔고 앉았다.

그러자 경봉 조실스님께서 특유의 호쾌한 웃음을 터트리면서 말씀하셨다.

"역시, 사자새끼로구나!"

"해와 달을 띄워 온 시방(十方)을 행복케 하고 꽃과 열매를 뿌려 온 시방을 태평케 합니다."

큰절 세 번 올리고 물러나왔다.

다시 이튿날 객실문 밖 뜨락에서 경봉 조실스님을 뵙자, 내가 뜨락에 활짝 핀 작약꽃을 손가락으로 가리키니 경봉 조실스님께서도 똑같이 뜨락에 활짝 핀 작약꽃을 손가락으로 가리켰다. 순간 서로 이심전심 하면서 극락암이 떠내려 갈듯, 영취산이 떠내려 갈듯 소리 높여 통쾌하게, 유쾌하게 '하! 하! 하! 하! 하! 하!' 하고 똑같이 크게 웃었다. 지금까지 경봉 조실스님과 함께 마주한 큰 웃음을 두 번 다시 웃어 보지 못했다.

이튿날 다시 삼소굴 뜨락에서 경봉 조실스님을 뵙게 되었는데, 조실스님께서 잔잔히 웃으시면서 말씀하셨다.

"내 살림살이 이미 너에게 다 물려줬다."

"간장, 된장으로 해와 달을 띄우고, 고돌빼기 열무김치로 산과 물을 펼칩니다."

"좋고 좋다. 천하의 살림살이는 오로지 그대 뿐이로다."

"누구나 다 천하의 살림살이입니다."

"그러하나 그대의 뜻을 펴기에는 조금은 늦으나 나 오로지 그대 뿐이도다."

나는 경봉 조실스님께 큰절 세 번 올리고 물러나왔다.

이튿날 삼소굴에 가서 경봉 조실스님께 떠나는 큰절을 세 번 올리니, 조실스님께서 이르셨다.

"3년 동안만 어디를 가지 말고 나와 함께 지내자."

"고향에 홀로 계신 연로한 어머님을 봉양해야 합니다."

"불심이 효심이로다. 잘 봉양 후 그대의 출가를 기다리겠다."

"오래 오래 법체강건(法體康健) 하옵소서."

나는 작별을 아쉬워하는 경봉 조실스님께 다시 큰 절을 세 번 올리고 물러나왔다.

숙면일여,
언제 어디서나 깨어있는 나

나는 고향으로 다시 돌아왔다. 어머님을 모시고 정진을 계속하면서 인연 닿는대로, 또 인연을 내어서 고향의 여러분들께 불심을 심어주는 데에도 최선을 다했다. 사회복지에 대한 봉사활동도 계속했다.

어느 날 문득 잠이 들었을 때의 나와, 잠이 깨어있는 지금 내가 어떠한가? 스스로 의심이 생겼다. 잠이 깨어있는 지금의 나는 모든 것을 명백히 보고 느끼고 생각하고 결정하고 쓰지만 잠이 꽉 들어있을 때의 나는 정말 아무 것도 모르는 캄캄한, 죽어있는 산 송장 같은 것이니 말이다. 깨우칠 때는 미오(迷悟)도 초월하고, 생사도 초월하고, 잠도 깸도 초월하고, 나 마저도 초월한 나였지만, 실지면에서도 항상 여여히 깨침과 같아야 되는 것이다. 스스로 공부를 돌이켜 밤 새는 줄도 모른 채 살피게 됐다.

수행이라는 것, 공부라는 것은 수학 문제를 풀어서 답을 얻는 것과 같아서는 안 된다. 온 마음, 온 몸 그대로가 진리의 본체본용(本

體本用)인, 본 나인, 참 나인 나로 항상 실참실현(實參實現)의 누림이 되어야 하는 것이다. 환하게 동이 틀 무렵에야 밤에 잠 들었을 때나, 낮에 깨어있을 때나, 생각할 때나, 생각 아니할 때나, 미했을 때나, 깨달았을 때나, 죽었을 때나, 살아있을 때나, 항상 똑같음을 명백히 보게 되었고, 명백히 계합되어 쓰고 누리고 있음이 다시 확인되고 증명 되었다.

마음과 몸은 한결 가볍고 편안했다. 언제나, 어디서나, 무엇에도 항상 깨어있는 나로 법열(法悅)을 누리는 나날을 지냈다.

사족

잠이 꽉 들어있을 때의 공부, 즉 숙면일여(熟眠一如)의 단계를 넘어서 깨달음을 얻은 고봉 스님은 『선요』에서 확철대오의 순간을 다음과 같이 자세히 밝히고 있다.

그후 화상께서 물으시기를,
"번잡하고 바쁠 때에 주재(主宰)가 되느냐?"
"됩니다."
"꿈속에서 주재가 되느냐?"
"네! 됩니다."
다시 물으시기를

"잠이 깊이 들어 꿈도 없고 생각도 없고 보는 것도 듣는 것도 없을 때 너의 주인공이 어느 곳에 있느냐?" 하시는데,

이에는 가히 대답할 말도 없고 내어 보일 이치도 없었으니,

이에 화상께서 부촉하시기를 "너 이제부터는 부처도 법도 배울 것 없으며 고금(古今)도 공부할 것 없으니 다만 배고프면 밥을 먹고 곤하면 잠을 자되, 잠이 깨거든 정신을 가다듬고 '나의 이 일각(一覺) 주인공이 필경 어느 곳에 안심입명(安心立命)하는 것일까?' 참구하라." 하시었다.

그때 내 스스로 맹세하기를 '내 차라리 평생을 버려 바보가 될지언정 맹세코 이 도리를 명백히 하고야 말리라.' 하고 5년이 지났더니, 하루는 잠에서 깨어 정히 이 일을 의심하고 있는데 같이 자던 도반이 잠결에 목침을 밀어 땅에 떨어뜨리는 소리에 홀연 저 의단을 타파하고 나니, 마치 그물에 걸렸다가 풀려 나온듯 하고 불조의 심난한 공안과 고금의 차별 인연에 밝지 않음이 없게 되어, 이로부터 나라가 평안하고 천하가 태평하여 한 생각 함이 없이 시방(十方)을 평정하였느니라.

고봉 스님과 마찬가지로 성철 스님 역시 동정일여, 몽중일여, 숙면일여 등을 거쳐서 확철대오해야 견성이며, 그것이 돈오돈수의 경지라며 다음과 같이 주장한 바 있다.

"아무리 크게 깨쳐서 법을 다 알아도 잠들어 캄캄하면 죽어 몸을

바꾼 뒤에는 다시 캄캄하여 생사고(生死苦)를 도로 받게 된다. 아무리 잠이 깊이 들어도 밝음과 어둠을 뛰어 벗어난 절대적 광명이 항상 밝아있는 사람이라야 천만 번 몸을 바꾸어도 영원토록 부수어지지 않아 생사고를 받지 않고 큰 자유와 활동력이 있다.

이 절대적 광명은 천만 부처가 설명할래야 설명할 수 없으며 가르쳐 줄래야 가르쳐 줄 수 없다. 오직 공부를 하여 이곳을 깨친 사람만이 아는 것이다. 참으로 묘하고 깊은 이치이다. 잠들어도 항상 밝아있는 절대적 광명을 얻기 전에는 화두는 도저히 알 수 없는 것이다. 그 전에 혹 아는 생각이 나더라도 그것은 바로 안 것이 아니니 그런 생각을 버려야 한다." (퇴옹 성철 대선사의 생애와 사상)

서옹 스님으로부터 비구계를 받는 영흥 스님 (오른쪽)

백운암에서 서옹 큰스님 상좌가 되다

시절인연이 도래했는지 어머님을 둘째 누님께 모셔 놓고 내 나이 28살, 음력 2월 8일 서울 상도동 백운암에 계시는 서옹 큰스님을 다시 찾게 되었다.

서옹 큰스님을 뵙고 큰절을 세 번 올리니, 물으셨다.

"그대의 그동안 공부는 어떠한고?"

"동풍을 펼쳐 온 세상을 자유롭게 하고, 서풍을 거두어 온 세상을 태평케 합니다."

"어떤 것이 동풍인고?"

"콩떡입니다."

"어떤 것이 서풍인고?"

"팥떡입니다."

"어떤 것이 그대의 참 면목인고?"

"해와 달을 띄워 온 세상을 길이 행복케 합니다."

"좋고 좋고 좋구나."

나는 큰스님께 다시 큰절 세 번 올리고 물러났다.

이튿날 큰스님께서 부르시더니, 손수 삭발을 해주시면서 법계를 주셨다.

"언제나 그대 스스로 빛이요
언제나 그대 스스로 감로요
언제나 그대 스스로 길이요
언제나 그대 스스로 법계니라.
이제 그대 법명은 성품 성 자, 밝은 명 자 '성명(性明)' 이요
이제 그대 법호는 '뒷 후' 자, '건질 제' 자 후제(後濟)이니라.
길이 명안종사가 되어서 불법을 크게 일으키고
남은 중생을, 남은 세상을 다 건지기를 바라노라."

삭발을 다 마치고 큰스님께서 입으셨던 승복을 받아 입고 큰스님께 큰절 세 번 올리고 물러나왔다. 출가 시절인연이 따로 있었던지, 그토록 전국을 누비며 찾아 다녔던 춘성 큰스님은 끝내 만나지 못하고, 이제 서옹 큰스님의 상좌가 되어 큰스님을 시봉하면서 다시 행자 생활을 시작하였다.

사족

서옹 스님의 "어떤 것이 그대의 참 면목인고?"란 질문은 '부모미생전 본래면목(父母未生前本來面目)', 즉 '부모에게서 태어나기 전에는 어떤 것이 본래의 모습인가?' 라는 화두이다.

『참선경어』에서는 이 공안에 대해 "부모에게서 나기 전에는 무엇이 본래면목인고? 철석심(鐵石心) 놓아버리고 취모검(吹毛劍)을 빼어들면 속세의 티끌 인연 불속의 하루살이라. 많은 방편 중에 참선이 영험하니 오직 화두만을 들 뿐 옆길로 새지 않으면 천차만별하던 것이 일념에 녹아지리라."고 밝히고 있다.

태원(太原) 부상좌(浮上座)가 고산(鼓山) 스님에게 "부모에게서 나기 전에 콧구멍(본래면목)이 어디 있습니까?" 라고 하니,

고산 스님이 "이제 태어난 뒤엔 어디 있습니까?" 하고 되물었다.

부상좌는 그것을 인정하지 않고 도리어 "그대가 물으시오, 내가 대답하리다." 하였다.

고산 스님이 "부모에게서 나기 전엔 콧구멍이 어디에 있었소?" 하고 물으니,

부상좌는 그저 부채질만 할 뿐이었다.

향곡 큰스님과의 법거량을 점검하다

어느 날 저녁 취침하기 전에 서옹 큰스님의 다리와 어깨를 안마해 주면서 지난 만행 때 향곡 큰스님과의 법거량에 대해서 말씀드렸더니, 큰스님께서 깔깔깔 웃으시면서 이르셨다.

"너나 향곡이나 똑같은 놈이구나."

"아닙니다. 향곡 큰스님은 저보다 한 수 아랩니다."

"어째서 그러하냐?"

"사자는 잣나무골로 보내고 고래는 바다로 보냅니다."

큰스님께서 다시 큰소리로 웃으며

"그렇구나! 그렇구나! 그렇구나!"

하시면서, 아주 만족해 하셨다.

사족

"너나 향곡이나 똑같은 놈이구나." 라는 말은 서옹 스님이 두 선승을 함께 칭찬한 말이다. 말 그대로 '형편없는 놈' 이라고 알아 들으면, 흙덩이를 쫓는 개가 된다.

마찬가지로, "향곡 큰스님은 저보다 한 수 아랩니다." 라는 말도 향곡 스님을 무시한 것이 아니라, 저마다의 가풍(家風)이 따로 있음을 빗대어 향곡 스님을 긍정한 말이다.

말따라 다니며 분별심과 알음알이를 일으킨다면 이런 문답에도 오해를 불러일으킬 수 있으니, 수행자는 말 밖의 숨은 도리를 알아 차려야 한다.

사제지간의 쿵더쿵 덩더쿵

또 하루는 큰스님께서 보따리 하나를 손에 들고 괭이를 둘러메고 백운암 뒷편 텃밭으로 따라오라고 하셨다. 큰스님께서 나에게 괭이를 주면서 구덩이 하나를 만들라고 했다. 괭이질을 해서 구덩이 하나를 만드니, 큰스님께서 들고 온 보따리를 구덩이에 풀어헤쳤다. 그동안 여러 큰스님들 하고 도반스님들, 여러 수좌스님들, 여러 친분 있는 불자님들 그리고 인연 있는 여러 세상 분들과 주고 받은 편지였다. 나에게 성냥을 주면서 불을 붙이라고 했다.

"왜 태우려고 하십니까? 훗날 후학들이 표본을 삼음이 낫지 않습니까?"

"지금 법계(法界)에 회향하려고 한다."

"어떤 것이 정녕 참 회향입니까?"

"불을 붙여라. 활활활 타오르는 불꽃 속에서 지네가 용을 삼키고 여의주를 토한다."

나는 얼른 성냥불을 그어 구덩이 속의 모든 편지에 불을 붙였다.

순식간에 활활활 너울너울너울 잘도 탔다. 송이송이송이 우담바라가 만발했다.

어느 날, 큰스님께서 불러서 물었다.

"요즘 그대의 공부는 어떠한고?"

"무명업식 마음대로 하고
번뇌망상 마음대로 하고
생로병사 마음대로 하고
육도윤회 마음대로 해도
돌멩이는 돌멩이로 해와 달이요
풀잎은 풀잎으로 꽃과 열매입니다."

"좋고, 좋고, 좋구나! 역시 그대 면목답구나!"

나는 큰절을 세 번 올리고 물러나왔다.

또 하루는 큰스님께서 출타하시기에 배웅하면서
내가 땅을 구르면서
"쿵더쿵 쿵더쿵 쿵더쿵 잘 다녀오십시오." 하니,
큰스님께서 덩달아 땅을 구르시면서
"덩더쿵 덩더쿵 덩더쿵 잘 다녀오마." 하시었다.

가장 눈밝은 선지식은 누구인가?

또 하루는 내가 서옹 큰스님께 여쭈었다.

"우리 나라에서 누가 제일 눈밝은 선지식입니까?"

"그대가 스스로 공부해 보면 안다."

"저는 앞으로 공부해서 알겠지만, 지금 큰스님께선 누가 제일 선지식이라 생각합니까?" 큰스님께서는 마침 법당 앞 뜨락 큰 소나무에 앉은 까치를 가리키면서 말씀하셨다.

"저 까치에게 물어 보거라."

내가 능청스럽게

"까까까까까!"

소리 높여 까치울음을 내니,

큰스님께서 깔깔깔 웃으시면서 말씀하셨다.

"그래, 그래, 그래, 니가 최고다. 니가 최고다. 니가 최고다."

사족

영흥 스님은 서옹 스님으로부터 "니가 최고다." 라는 말씀을 듣고 싶어했다. 하지만 이 칭찬은 '나만 최고다.' 라는 아만을 드러내는 것이 아니다. 저마다 '천상천하 유아독존(天上天下 唯我獨尊)' 의 부처요, 조사임을 드러내는 선문답이다. 까치에게 물어볼 것도 없이, 각자가 본래부처로서 부처행을 하며 살아야 한다는 '격식밖[格外]' 의 가르침인 것이다.

월산 스님 _ 니 물건 참 좋구나

또 하루는 큰스님만 보는 해우소(解憂所) 청소를 하고 해우소에서 소피(所避 : 오줌)를 보고 있는데 누군가 난데없이 앞에 나타나,

"니 물건 참 좋구나." 하시기에,

고개를 옆으로 돌리니 불국사 조실인 월산(月山, 1912~1997) 큰스님이 웃으면서 소피를 보고 계셨다.

나도 웃으며

"큰스님 물건도 참 좋습니다." 하니

월산 큰스님께서 껄껄껄 소리를 높이시면서

"그렇다. 그렇다. 그렇다." 하시었다.

얼마 후 점심 공양시간이 됐다. 월산 큰스님과 성수 큰스님의 공양 겸상을 들고 들어가 조실방에 담소를 나누고 있는 두 분 큰스님 사이에 놓고, 두 분 큰스님께 큰절을 세 번 올리고 보시금도 올리고 여쭈었다.

"지금 이렇게 깨어 있을 때와 잠이 꽉 들었을 때 어떠합니까?"

"지금도 모르는데, 잠이 꽉 들었을 때 어찌 알겠느냐?"

"흰 소는 콩떡을 먹고, 검은 소는 팥떡을 먹습니다."

"행자가 보통이 아니시군요."

나는 다시 성수 큰스님께 큰절을 세 번 올리고 물러나왔다.

사족

월산 스님이 말한 '물건'은 오줌 누는 성기(性器)인 동시에 사람사람이 저마다 가진 불성(佛性)을 뜻하는 '한 물건(一物)'을 상징한 것이다. 당연히 이 세상 그 무엇과도 비교할 수 없이 좋고 좋은 물건이다. 그래서 영흥 스님이 "큰스님 물건도 참 좋습니다."라고 응대한 것이다.

이러한 '일물(一物)'에 대해 임제 스님은 좀 더 구체적으로 일러주고 있다.

"지수화풍 네 가지 요소로 된 이 육신은 법을 설하거나 법을 들을 줄 모른다. 비장, 위장, 간, 쓸개가 법을 설하거나 법을 들을 줄 모른다. 허공도 법을 설하거나 법을 들을 줄 모른다. 다만 목전에 분명한, 형상 없이 홀로 밝은 '이것'이 법을 설하고 법을 들을 줄 안다."

(임제록)

성철 스님은 「수도자에게 주는 글」에서 '한 물건'을 이렇게 설하고 있다.

“한 물건이 있으니 천지가 생기기 전에도 항상 있었고, 천지가 다 없어진 후에도 항상 있다. 천지가 천 번 생기고 만 번 부서져도 이 물건은 털끝만치도 변동 없이 항상 있다. 크기로 말하면 가없는 허공의 몇 억만 배가 되어 헤아릴 수 없이 크다. 그래서 이 물건의 크기를 큰 바다에 비유하면, 시방의 넓고 넓은 허공은 바다 가운데 있는 조그마한 물거품과 같다. 또 일월(日月) 보다 몇 억만배나 더 밝은 광명으로써 항상 시방세계를 비추고 있다. 밝음과 어두움을 벗어나 이 절대적인 광명은 항상 우주 만물을 비추고 있는 것이다.”

경전과 어록에는 이 ‘한 물건’에 대한 이름들이 다양해서 불성, 진여, 자성, 일심, 보리, 열반, 원각, 대각, 마음, 본래면목, 무위진인 등으로 무수하게 불린다. 하지만 모두 뭐라고 명명할 수 없어 부득이 하여 이름붙인 가명에 불과하다. 때문에 남악혜양 스님은 “설사 한 물건이라 하더라도 곧 맞지 않다(設似一物 卽不中)”고 말한 것이다.

구산 스님 _ 걸음마다 별천지도다

또 하루는 법련사에 송광사 구산(九山, 1909~1983) 방장스님이 오셔서 1주일 동안 법문하신다기에 친견하러 갔다.

구산 방장스님을 뵙고 큰절을 세 번 올리고 여쭈었다.

"어떤 것이 진정한 공부입니까?"

"꽃은 붉고 버들은 푸르다."

내가 앉은 채로 합장하며 다시 절을 올리니, 구산 방장스님께서 되물었다.

"그대는 무엇이 이 세상에서 제일 귀한 것인고?"

"꽃은 스스로 꽃이고, 버들은 스스로 버들입니다."

"좋고, 좋고, 좋구나. 걸음마다 별천지도다."

나는 다시 구산 방장스님께 큰절을 세 번 올리고 물러나왔다.

사족

진정한 공부란 꽃은 붉고, 버들은 푸르고, 꽃은 스스로 꽃이고 버들은 스스로 버들임을 있는 그대로 아는 것이다. 학의 다리는 길고 오리의 다리는 짧으며, 산은 푸르고 물은 흘러간다는 사실을 여실하게 아는 것이다. 즉 바른 견해로 편견없이 사물을 있는 그대로 보는 '여실지견(如實知見)'이 올바른 공부라는 것이다. 다시 말하면 육문(六門 : 눈 귀 코 혀 몸 뜻)에서 육경(六境 : 색 성 향 미 촉 법)과 접촉하여 육식(六識 : 안식 이식 비식 설식 신식 의식)을 할 때 대상을 있는 그대로 받아들여서 청정하게 알아차리는 것이 수행의 요결인 것이다. 그래서 『법화경』에서는 "여실히 삼계의 상(相)을 지견 또는 관찰할 수 있어야만 한다."고 하였고, "여실지견이 있는 곳에 해탈이 있다."고도 하였다.

'여실지견'은 팔정도의 맨 앞에 등장하는 정견(正見 : 바르게 본다)에서도 볼 수 있듯이, 초발심 할 때의 가장 중요시 해야 할 원칙인 동시에 깨달음의 결과물이라 해도 과언이 아니다. 일반적으로 정견은 '바로 봄', '올바른 견해'를 뜻하는데, 이 정견은 유·무(有無)의 편견을 벗어난 중도의 견해라는 사실에 유념해야 한다. 곧, 옳고 그름, 선과 악 등 양변을 초월해 분별심을 내려놓고 바로 보라는 말이다. 이 바로 보는 것은 소승과 대승을 막론하고 올바른 수행의 출발점인 동시에 바른 삶의 시작임을 상기할 필요가 있다.

유정도 무정도
일체 종지를 이룬다

또 하루는 서옹 큰스님이 불러서 물으셨다.

"앙굴마(鴦掘摩 : 99명을 살해한 후 부처님 제자가 된 비구)가 탁발을 하던 중 산기(産氣)가 있는 여인 집에 갔는데 마침 아기를 막 낳으려고 하는 여인이 살인마인 앙굴마가 온 것을 알고 겁에 질려 아기를 낳지 못해 진통을 겪고 있었다.

앙굴마가 어찌 하지 못해 부처님께 찾아가 뵙고 여쭈었더니, 부처님이 하시는 말씀이 '그대는 속히 가서 내가 성인의 법에 들어온 후로는 한 중생도 죽은 일이 없노라 하고 이르라.' 하셨다.

앙굴마가 다시 산모의 집에 와서 부처님 가르침대로 '내가 성인의 법에 들어온 후로는 한 중생도 죽은 일이 없노라.' 하니 산기로 고통스러워 하던 여인이 비로소 안심이 되어 아기를 건강하게 순산하게 되었다. 이 도리가 무엇인고?"

"해와 달로 콩떡이요, 산과 물로 팥떡입니다."

"언제나 좋은 세상이구나."

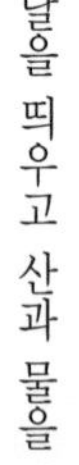

큰 스님께 다시 큰절을 세 번 하고 물러나왔다.

또 하루는 서옹 큰스님께서 불러 이르시기를,

"나는 매일 이산혜연 선사 발원문을 독송하며 내 수행의 지침서로 삼는다. 그대도 나처럼 이산혜연 선사 발원문을 항상 수지하여 신심과 서원과 원력을 잃지 말기를 바란다. 이산혜연 선사 발원문 끝 구절에 '유정(有情 : 생명체)도 무정(無情 : 무생물)도 일체 종지를 이룬다' 했는데 이 무슨 도리인고?"

"돌은 돌로 해와 달이요, 풀은 풀로 산과 물입니다."

"역시 좋은 구절이구나."

나는 큰절 세 번 올리고 물러나왔다.

사족

'유정(有情)도 무정(無情)도 일체 종지를 이룬다.'는 도리는 유정과 무정이 전혀 별개의 존재라거나, 물질과 마음이 따로 있다고 하는 이분법적 사고, 즉 사량·분별심에 머물러 있는 한 깨치기 어렵다. 마찬가지로 보는 놈과 보이는 대상이 따로 있다고 여기는 한, 알아차릴 도리가 없다.

그러나 주관과 객관, 마음과 물질, 유정과 무정이 둘이 아닌 상태에서 마음의 눈을 뜨고 보면, 눈만 뜨이는 것이 아니라 마음의 귀도 열린다고 했다. 눈으로 소리를 보고, 눈으로 소리를 듣게 된다는 것이다. 이렇게 하여 '무정이 설법하는 것' 을 보고 들을 수 있으면, 온 세상에 설법 안 하는 존재가 없고 불사(佛事) 아닌 일이 없음을 알게 된다. 소위 '곳곳에 부처가 있고, 매사가 불공(佛供) 아님이 없다.' 는 말이다. 유정과 무정이 일체종지를 이루는 때이다.

문수보살의 붉은 도장

또 하루는 서옹 큰스님을 뵙고 큰절 세 번 올리고 여쭈었다.

"큰스님 방에 걸려 있는 저 액자는 무슨 글귀 입니까?"

"일인허전 만인실전(一人虛傳 萬人實傳)이니라."

"우리 말로 풀어서 일러 주십시오."

"한 사람(석가모니 부처님을 말함)은 헛된 것을 전하고, 만 사람은 실다운 것을 전하느니라."

"무슨 도리입니까?"

"무슨 도리인고?"

"학은 날리고 봉황은 거둡니다."

"어째서 그러한고?"

"뿌리 없는 나무가 때 없이 푸릅니다."

"풀잎마다 언제나 봄이구나."

나는 큰스님께 다시 큰절 세 번 올리고 물러나왔다.

또 하루는 지난 밤 서옹 큰스님께서 신비한 칼을 하나 주시고 문

수보살께서 나의 팔뚝에다 붉은 도장을 꽉 찍어준 꿈을 꾸었는데, 아침 공양 후 큰스님께서 나를 불러서 물었다.

"이번 음력 4월 15일에 백양사 대웅전에서 사미계와 비구계와 보살계와 불계를 동시에 그대에게 줄 것이다. 그대는 어떻게 생각하는고?"

"절룩절룩절룩 해와 달로 산호열매요, 절룩절룩절룩 산과 물로 계수열매입니다."

"이후로는 천하인들 그대를 어찌하겠느냐, 조불조사(祖佛祖師)인들 그대를 어찌하겠느냐?"

큰스님께 큰절 세 번 올리고 더욱 절룩절룩절룩 하며 물러나왔다.

어떤 것이 반야심경인고?

행자 시절 어느날, 여러 대중스님들은 모두 출타하고 암자엔 서옹 큰스님과 나, 공양주 셋 뿐이었다. 백운암 대웅전에서 나는 종 치고 큰스님께서 손수 목탁 치고 요령 흔들며 부처님 전에 사시마지 공양을 올렸다.

부처님 전에 정례공양을 다 올리고 화엄성중 전에도 공양 올리고 목탁 치고 반야심경을 독송한 뒤에 큰스님께서 문득 머리를 돌려 물으셨다.

"어떤 것이 반야심경인고?"

"하!"

"어떤 것이 하! 인고?"

"똑똑똑 목탁소리 삼계(三界)를 흥대로요, 땡그렁 땡그렁 땡그렁 요령소리 삼세(三世)를 흥대로입니다."

"어째서 그러한고?"

"까치가 까까까! 산과 물을 펼칩니다."

"훗날 많은 사람들이 너에게 길을 물을 것이다."

"중생도 부처도 예, 예, 예 입니다."

나는 선 채로 큰절 세 번 올리고 마지공양을 물리었다.

이 문답이 훗날 내가 중이 된 후 만행 중 불국사 선원 뜨락에서 불국사 월산 조실스님을 뵈었을 때 재현되었다. 그때 선 채로 합장 배례하고 큰절 세 번 올리니, 월산 스님이 물었다.

"어떤 것이 반야심경인고?"

"하!"

"하! 가 무엇인고?"

"동풍 서풍이 삼계를 홍대로요, 남풍 북풍이 삼세를 홍대로입니다."

"어째서 그러한고?"

"뻐꾹새가 뻐꾹 뻐꾹 뻐꾹 꽃과 열매를 뿌립니다."

"훗날 많은 사람들이 수좌에게 안심입명(安心立命)할 것이다."

"사바도 극락도 예, 예, 예 입니다."

나는 선 채로 합장 배례하며 큰절 세 번 올리고 물러섰다.

사족

옛 선시에 이런 글이 있다.

사람마다 한 권의 경전이 있는데 (我有一卷經)
그것은 종이나 활자로 된 게 아니다 (不因紙墨成).
펼쳐 보아도 한 글자 없지만 (展開無一字)
언제나 환한 빛을 발하고 있네 (常放大光明).

서옹 스님이 "어떤 것이 반야심경인고?" 하고 질문했을 때의 반야심경은, 위 시에서 말한 '사람마다 가진 한 권의 경전' 을 뜻한다. 삼세의 모든 부처님과 모든 깨달음이 솟아나온 이 '마음의 경전' 이 무엇인가를 묻는 공안이다.

사람마다 본래부터 원만히 구족(具足)하고 있는 '마음의 경전' 이 발하는 빛을 알 수 있는 순간은 무엇인가 작용이 있을 때이다. 그래서 영흥 스님은 "하!" 하는 할로써 광명을 발하고 있다.

이 마음의 경전은 언어도단(言語道斷 : 말길이 끊어지다)하고 심행처멸(心行處滅 : 마음 갈 곳이 없다)한 자리이기에 작용이 없을 때는 알아차리기 어렵지만, 언제나 천 개의 태양 보다 밝은 광명을 발하고 있다. 이 밝은 빛을 자유자재로 쓰고 안 쓰고는 오로지 각자의 선택에 달려있는 것이다.

해와 달을 굴리며
쾌지나 칭칭나네

행자 시절, 저녁 공양 후 취침 전에 서옹 큰스님께서 부르시기에 찾아 뵈었다. 큰스님께서 다리가 아프시다기에 다리를 안마해 주고 있는데, 큰스님께서 물으셨다.

"요즈음 행자생활은 어떠한고?"

"집집마다 해와 달을 띄우고 쾌지나 칭칭나네입니다."

"요즈음 시자생활은 어떠한고?"

"거리마다 해와 달을 굴리며 쾌지나 칭칭나네입니다."

"요즈음 공부는 어떠한고?"

"동서남북에 해와 달을 보내며 쾌지나 칭칭나네입니다."

"어째서 그러한고?"

"콩새 팥새가 해와 달을 토하며 쾌지나 칭칭나네입니다."

"필경 무엇인고?"

"콩떡 팥떡도 해와 달이니, 중생도 부처도 해와 달을 누리며 쾌지나 칭칭나네입니다."

"그대가 해와 달이니, 온 천하가 길이 안심입명하며 쾌지나 칭칭나네구나."

"풀잎도 돌멩이도 해와 달이니, 큰스님께 예배공양 하오며 쾌지나 칭칭나네입니다."

큰스님께 안마를 다 해드린 후 큰절 세 번 올리고 물러나왔다.

사족

"하늘에는 별도 총총/ 쾌지나 칭칭나네/ 강변에는 잔 돌도 많다/ 쾌지나 칭칭나네/ 솔밭에는 공이도 많다/ 쾌지나 칭칭나네/ 대밭에는 마디도 많다/ 쾌지나 칭칭나네."('쾌지나 칭칭나네' 의 사설)

여러 사람이 둥글게 서서 허튼 춤을 추며 소리를 주고 받는 선·후창 형식의 흥겨운 이 전통 민요처럼, 영흥 스님은 날마다 '쾌지나 칭칭나는' 좋은 날이다. 비록 육체적으로는 고달픈 행자 시절이지만, 행주좌와 어묵동정이 흥이 절로 날 정도로 '안심입명' 한 수행생활임을 토속적인 격외어로 표현한 것이다.

모든 것을 분별하되, 제1의에는 움직임이 없다

행자 시절, 서옹 큰스님께서 출타하셨다가 저녁 무렵 돌아오신 후에 찾아 뵙고 큰절 세 번 올리니 물으셨다.

"오늘 공부는 어떠했는고?"

"모든 것을 분별하되, 제일의(第一義)에는 움직임이 없습니다."

"어째서 그러한고?"

"붉은 것은 붉어서 틈이 없고, 푸른 것은 푸르러서 나툼이 없습니다."

"필경 무엇인고?"

"학을 날리니 산호열매 계수열매 끝없이 쏟아지고
봉황을 거두니 붉고 흰 꽃 끝없이 난발합니다."

"옳다, 옳다, 옳다."

큰스님께서 만족해 하시며 아주 기뻐하셨다.

큰스님께 세 번 큰절 올리고 물러나왔다.

훗날 『유마경』을 보게 됐는데, 경전 구절에 "모든 것을 분별하되, 제1의에는 움직임이 없나니라."는 법구가 있음을 알게 되었다.

사족

『육조단경』 '정혜품(定慧品)' 에도 제일의(第一義)에 대해 설한 법문이 나온다.

"진여(眞如)가 없다면 눈과 귀와 소리와 물질이 곧 없어질 것이다. 진여의 자성에서 생각을 일으키면 육근(六根)이 비록 보고 듣고 깨닫고 알더라도, 모든 대상에 물들지 않고 참 성품이 항상 자재할 것이다. 그러므로 『유마경』에 이르기를 '모든 법상(法相)을 잘 분별하되 제일의에 있어서는 움직임이 없다.' 고 한 것이다."

곧 제일의는 진여자성을 말한 것임을 알 수 있다. 육조 스님은 진여자성의 작용을 이렇게 풀이하고 있다.

"자성(自性)은 본래 한 법도 얻을 것이 없는데, 만약 얻은 것이 있다 하여 망녕되이 화복(禍福)을 말하면 이것이 곧 지저분한 삿된 소견이다. 그러므로 이 법문은 무념(無念)을 세워서 종을 삼은 것이다. 그러면 무(無)란 무엇을 없앰이며, 염(念)이란 무엇을 생각함인가. '무' 란 두 가지 모양이 없고 모든 쓸데없는 망상이 없는 것이며, '염' 이란 진여의 본 성품을 생각함이다. 진여란 곧 염의 본체이며 염은 진여의 작용이므로 진여의 자성이 생각을 일으키는 것이고,

눈, 귀, 코, 혀가 생각하는 것이 아니라, 진여의 성품이 있으므로 생각이 일어나는 것이다."

큰스님은 왕석가(王釋迦)입니다

행자 시절 어느날, 아침공양 후 서옹 큰스님께서 찾기에 뵙고 큰절 세 번 올리니, 큰스님께서 앉으셨다가 문득 일어서며 선 채로 한 바퀴 빙 돌고는 물었다.

"어떤 놈이 왔는고?"

"왕 미륵(王彌勒)이 왔습니다."

"미친 놈이 왔구나."

"조불조사도 다 미쳤습니다."

"니가 조불조사냐?"

"1 2 3 4 5입니다."

"하마터면 나도 미칠 뻔 했구나."

"큰스님께선 왕 석가(王釋迦)입니다."

"5 4 3 2 1이니라."

"하마터면 저도 미칠 뻔 했습니다."

"이후로 조불조사가 온전하느니라."

"이후로 일체중생도 온전합니다."

"그래, 그래, 그래. 옳고 옳구나."

큰스님께서 깔깔깔 크게 웃으시며 아주 만족해 하셨다.

나는 다시 큰절 세 번 올리고 물러나왔다.

사족

'왕 미륵' 행자와 '왕 석가' 방장스님이 '1 2 3 4 5', '5 4 3 2 1' 숫자 놀음을 하니 하마터면 미칠 뻔 했다. 게다가 미륵이 스스로 '왕 미륵' 이라 하고, 부처를 '왕 부처' 라 우기는 꼴은 마치 사람이 스스로 '제 잘난 사람' 이라고 꼴값 떠는 모양새여서 자칫하면 미친 놈 소리 듣기 십상이다.

하지만, 스승과 제자가 한 판의 멋진 연극인 줄 알기에 왕 석가, 왕 미륵, 조불조사와 일체중생이 모두 온전하게 되었다. 주거니, 받거니 하는 거량이 한 코너의 재미있는 개그를 보는 듯하지만, 여기에는 무척 의미심장한 도리가 숨어 있다.

소리 지르는 놈이 무엇인고?

행자 시절 어느 날, 백운암 조실 방 앞 뜨락에서 서옹 큰스님과 의자에 앉아 산새 소리를 들으며, 봄 꽃밭을 바라보며, 봄 꽃빛을 한적하고 평온하게 즐기고 있는데, 백운암 대중인 한 스님(지금은 불자라면 누구나 아는 훌륭한 스님)이 이곳 저곳을 다니면서 시도 때도 없이 벼락 같은 할을 토하고 있었다.

큰스님께서 그 스님을 데리고 오라시기에, 그 스님을 큰스님 앞에 모시고 왔다.

큰스님께서 그 스님에게 물으셨다.

"그대는 시도 때도 없이 이곳 저곳을 다니며 할을 하는데, 도대체 무슨 소리인고?"

그 스님은 순간 당황하며 아무 말도 못했다.

큰스님께서 다시 물었다.

"소리 소리 소리 지르는데, 어떤 놈이 소리 지르는고?"

그 스님은 또한 당황하며 아무 말도 못했다.

큰스님께서 단호히 이르셨다.

"이제는 그런 귀신 방구 끼는 소리 그만하고, 소리 지르는 놈이 무엇인고? 하고 언제나 어디서나 묵묵히 간절히 참구하거라."

그 스님은 그제야 정신이 번쩍 난듯 감사한 마음으로 합장하며, 땅바닥인데도 큰절 세 번 올리고 물러갔다.

곧 이어 큰스님께서 나를 옆 의자에 앉게 한 후 물으셨다.

"너는 방(棒: 몽둥이질) 할(喝: 고함침)을 어떻게 생각하느냐?"

"붉은 것은 붉게 하고, 푸른 것은 푸르게 합니다."

"다시 일러보아라."

"방 할이 닿을 수 없는 곳에 방 할이 쏟아지니
언제나 꽃피는 봄이요 언제나 열매 익는 가을입니다."

"좋고 좋은 방 할이구나."

"큰스님의 방 할은 무엇입니까?"

"꽃은 꽃피게 하고, 열매는 열매 익게 한다."

"천하가 길이 태평합니다."

"그래, 그래, 그래. 우리도 차 한잔 마시자꾸나."

"네, 네, 네."

나는 합장 배례하고 얼른 공양간에 가서 다과를 준비해 와서 큰스님께 올렸다.

사족

선객이 시도 때도 없이 쓸데 없는 '할' 을 내지르는 것을 눈먼 할, 즉 '맹할(盲喝)' 이라 한다. 지금은 큰스님이 된 저 스님은 서옹 스님의 따끔한 경책을 받고 '소리 지르는 놈이 무엇인고?' 하는 화두를 타파하고 명실상부한 참된 할을 쓰고 있을 것이다.

이러한 눈먼 할과 방은 이미 '임제 선사의 할' 과 '덕산 선사의 방' 이 유명해진 시대부터 문제가 되었다. 할과 방의 뜻도 모르면서 아무 때나 고함치고 몽둥이질 하는 것이 하나의 유행병 처럼 번져서 언뜻 보아서는 할과 방의 진위 여부를 가리기 조차 힘들 정도였다.

선문답을 흉내내는 것도 마찬가지여서, 스스로의 체험이 바탕이 된 자내증(自內證)이 아니라 공안집의 문답을 흉내낸 문자선(文字禪)이 범람하기도 했다. 대혜 선사가 스승인 원오극근 선사의 『벽암록』을 모두 불살라 유포를 금지시킨 것은 바로 이런 문자선의 폐해를 없애기 위한 극단적인 방법이었다.

'격식을 벗어난 대장부[出格大丈夫]' 가 되기 위해서 최상승의 선 공부를 한다면서 고인의 언행을 모방하는 것은 마치 앵무새나 원숭이가 사람을 흉내내는 짓과 다름없는 소인배(小人輩)의 행위가 아닐 수 없다. 철저한 자기 체험에서 나온 우렁찬 사자후(獅子吼)로 부처를 뛰어넘고 조사를 초월하는 것이 불제자의 도리일 것이다.

암두의 말후구(末後句)

큰스님께서 차를 마시면서 이르셨다.

"덕산 큰스님이 하루는 공양시간이 늦어지자 스스로 바릿대(鉢盂)를 들고 법당 위로 올라갔다.

설봉 스님이 보고 여쭙되, '큰스님께서는 종소리도 울리지 않고 북소리도 울리지 않았는데, 바릿대를 가지고 어디로 갑니까?' 하고 물었다.

이에 덕산 큰스님이 문득 방장(方丈 : 조실스님이 머무는 방)으로 되돌아갔다.

설봉 스님이 암두 스님에게 이 일을 말하자, 암두 스님이 말하길 '알량한 덕산 스님이 말후구(末後句 : 최후의 한 구절)를 몰랐도다.' 하였다.

덕산 큰스님께서 이 말을 듣고 시자로 하여금 암두 스님을 불러서 방장에 들어오게 하여 묻기를 '니가 나를 긍정하지 않느냐?' 하고 물었다.

그러자 암두 스님이 덕산 큰스님 귀에 대고 무언가 소곤소곤소곤

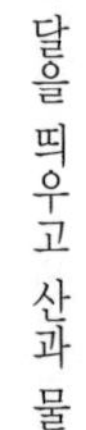

그 뜻을 은밀히 말했다.

덕산 큰스님께서 날이 밝자 법당에 올라 법문을 하는데, 보통 때와는 같지 않았다.

암두 스님이 승당 방에 이르러 손뼉을 치며 크게 웃으며 말했다.

'덕산 큰스님께서 말후구를 알았으니 또한 기쁘다. 이후부터 천하 사람들이 어떻게 하지 못하리라. 비록 이와 같으나 다만 3년 뿐이로다.'

과연 3년만에 덕산 큰스님께서 열반하셨다."

서옹 큰스님께서는 마시던 차를 다 마시고는 물으셨다.

"덕산 큰스님께서 방장으로 되돌아간 뜻이 무엇인고?"

"콩새 팥새가 하늘과 땅을 이룹니다."

"암두 스님이 덕산 큰스님 귀에 소곤소곤소곤한 은밀한 뜻이 무엇인고?"

"자라 거북이가 해와 달을 굴립니다."

"말후구란 무엇인고?"

"고슴도치 두더지가 산과 물을 펼칩니다."

"다만 3년뿐으로 살다가 열반한 것은 무엇인고?"

"달팽이 다람쥐가 꽃과 열매를 뿌립니다."

"너는 덕산 큰스님의 방보다 더 덕산 큰스님의 방을 쓰는구나."

"하!"

사족

'암두의 말후구(末後句)' 는 난해한 공안 가운데 하나로 정평이 나 있다. 일체의 시비분별과 번뇌망상을 떠난 무분별지(無分別智)가 아니고서는 안개 속을 걷는 소경처럼 헤매지 않을 도리가 없다. 명안종사가 아니고서는 간파하기 어려운 이 공안은 1,000년 전에도 의견이 분분한 공안이었던가 보다. 『산암잡록』에는 '말후구' 를 주제로 한 새로운 공안이 등장할 정도다. 다시 한번 참구해 보자.

정수사 보엽(寶葉) 스님은 사명(四明) 사람이다. 경산사 허당(虛堂 : 1185~1269) 스님에게 공부하였는데, 선문 화두에 깨치지 못한 바 있으면 반드시 공부 많이 한 이에게 묻고, 깨닫기 전에 그만두는 일이 없었다.

어느날 허당 스님을 찾아가 물었다.

"덕산 스님의 말후구를 만일 있다고 한다면 어찌하여 덕산 스님께서 알지 못하였으며, 만일 없다고 한다면 암두 스님은 어찌하여 '덕산 스님은 알지 못했다.' 고 말하였습니까? 스님께서는 자비로운 마음으로 가르쳐 주십시오."

"나는 모르니 그대는 운(雲) 수좌를 찾아가 물어보도록 하라."

이에 스님은 운 수좌에게 물어보러 갔는데, 마침 운 수좌는 산에서 돌아와 발을 씻으려고 물을 찾던 중이었다. 스님은 재빨리 물을 가져다 드리고는 몸을 굽히고 손을 내밀어 운 수좌의 발을 씻겨 주면서 고개를 들어 물었다.

"덕산 스님의 말후구에 대하여 저는 있는 것인지 없는 것인지 모르겠습니다. 수좌께서 가르쳐 주시기 바랍니다."

운 수좌는 느닷없이 발 씻으려던 물을 양손으로 그에게 끼얹으며 말하였다.

"무슨 말후구가 있단 말이냐?"

스님이 그의 뜻을 알지 못하고 이튿날 허당 스님을 찾아가니, 허당 스님이 물었다.

"내 그대에게 운 수좌를 찾아가 말후구를 물어보라 하였는데, 그가 무어라 말하던가?"

"화상의 말씀대로 물어 보았더니, 그가 발 씻은 물을 나에게 끼얹었습니다."

"다른 말은 하지 않던가?"

"무슨 말후구가 있느냐고 했을 뿐입니다."

"그렇지! 내 너에게 말하여 주리라. 그는 깨달은 자라고."

스님은 이 말에 의심이 풀리게 되었다. 운 수좌는 바로 한극(閑極) 화상으로 허당 스님의 수제자이며 높은 수행을 닦아 호구사의 주지를 지내다가 돌아가셨다.

한편 영홍 스님은 말후구와 관련, "한 생각 일어나기 전이 향하구(向下句)요, 한 생각 그대로가 향상구(向上句)요, 한 생각 끝난 후가 말후구다. 향하구나 향상구나 말후구나 온 전체로 똑같고 낱낱이 꼭 맞아서 평상구(平常句)요 활구(活句)다." 라고 밝힌 바 있다.

임제의 네 가지 할

서옹 큰스님께서 이번엔 과일을 드시면서 다시 물었다.

"너는 임제 큰스님의 네 가지 할을 아느냐?"

"큰스님께서 일러주옵소서."

"어떤 때의 일 할은 금강왕보검(金剛王寶劍) 같고

어떤 때의 일 할은 땅에 웅크레 걸터앉은 금모사자(金毛獅子) 같고

어떤 때의 일 할은 염탐하는 장대와 그림자 풀 같고

어떤 때의 일 할은 일 할이 일 할을 짓지 않음이라.

알겠느냐?"

"하!"

"어떤 것이 금강왕보검인고?"

"콩떡 팥떡으로 이승과 저승을 홍대로입니다."

"어떤 것이 땅에 웅크레 걸터앉은 금모사자인고?"

"콩떡 팥떡으로 사바와 극락을 홍대로입니다."

"어떤 것이 염탐하는 장대와 그림자 풀인고?"

"콩떡 팥떡으로 중생과 부처를 홍대로입니다."

"어떤 것이 일 할이 일 할을 짓지 않음인고?"

"큰스님께서 콩떡 팥떡을 먹습니다."

"너는 임제 큰스님의 할보다 더 임제 큰스님의 할을 쓰는구나."

"하!"

"조불조사가 길이 안심입명 하는구나."

"일체중생도 길이 안심입명 합니다."

"그래, 그래, 그래. 좋고 좋구나."

나는 큰스님께 합장 배례하고 맛있게 다 잡수신 다과상을 물리었다.

사족

『임제록』을 보면 임제 선사는 수행자를 지도하는 방편으로 네 가지 방식의 '할'을 자유자재로 구사하고 있다.

첫번 째 할은 마치 금강왕(金剛王)의 보검처럼 굳세고 예리하다. 할이 가장 굳세고 예리한 '다이아몬드 칼'이 되어 미혹과 망상을 끊어 내는 생생한 작용을 하기 때문에 나온 말이다.

두번 째 할은 마치 웅크리고 있는 금빛 털의 사자 같다. 백수의 왕 사자가 땅에 웅크리고서 먹이를 잡아채려는 긴박한 순간의 위엄스런 모습은 주위에 위압감을 주는데, 이 할 역시 그와 같은 위엄을 나타낸다.

세번 째 할은 탐간영초(探竿影草) 같다. 탐간(探竿)은 어부가 고기를 잡는데 쓰는 도구이며, 영초(影草)는 물 위에 떠 있는 풀이다. '탐간영초' 란 낚싯대 끝에 두견새 깃털을 달아 물 속을 헤쳐서 고기를 물풀 아래로 유인해 모으는 것을 말한다. 스승의 할이 수행자의 내면을 살펴서 그를 시험하는 수단으로 쓰인다.

네 번 째 할은 일 할(一喝)의 작용도 하지 않는다. 이것은 '임운무작(任運無作)의 할', '무공용(無功用)의 할' 이라고 하듯이 자연 그대로에 맡겨 어떤 조작도 가하지 않는 할이다. 이 할을 '할 없는 할', 즉 '무할(無喝)의 할' 이라고도 하는데, 가장 뛰어나고 교묘한 방편이라 할 수 있다.

남전의 고양이와 생사자재

이튿날 아침공양 후 서옹 큰스님께서 다시 찾기에 뵙고 큰절 세 번 올리니 이르셨다.

"남전 큰스님께서 하루는 동당(東堂)과 서당(西堂)의 대중들이 고양이 새끼를 가지고 다투거늘 큰스님께서 드디어 고양이를 들고 이르시되, '대중아, 누구든지 한 마디 이르면 구해주겠지만 이르지 못하면 베어서 죽이리라.' 하니, 대중이 아무 대답이 없자, 남전 큰스님은 고양이를 두 동강 내어 베어버렸다.

이후에 남전 큰스님께서 출타했다가 돌아 온 조주 스님에게 앞의 이야기를 들어 물으니, 조주 스님은 문득 짚신을 머리 위에 이고 나가버렸다. 그러자 남전 큰스님께서 이르시되, '그대가 만약 그 때 있었던들 고양이를 구했을 것이다.' 하셨다.

너는 이 일을 어떻게 보는고?"

"조주 스님은 남전 큰스님과 고양이와 더불어 생사를 벗어나기는 했지만 생사를 자유자재하지는 못했습니다."

"어떤 것이 생사를 자유자재한 도리인고?"

"아이고! 아이고! 아이고!"

"오늘 비로소 조불조사와 일체중생이 생사를 자유자재 하는구나."

"오로지 큰스님의 자비 은혜이십니다."

큰스님께서 해와 달, 꽃보다 더 밝고 환한 얼굴로 웃음 지으며 순진무구한 어린아이처럼 좋아하셨다.

내가 다시 큰스님께 큰절 세 번 올리고 물러나오는데, 큰스님께서 다시 물으셨다.

"어떤 것이 판치생모인고?"

"꼴뚜기가 사자를 삼키고 학과 봉황을 토합니다."

"어째서 그러한고?"

"개구리가 개골개골개골 한 잔 차 속에 해와 달을 마십니다."

"그래, 그래, 그래. 좋고, 좋고, 좋구나."

큰스님께서 당신의 무릎을 탁 치며 더욱 만족해 하며 좋아하셨다.

나는 다시 큰스님께 큰절 세 번 올리고 물러나왔다.

사족

'생사를 벗어난 것'과 '생사를 자유자재한 것'은 어떤 차이가 있을까?

영홍 스님에 따르면 생사를 자유자재한 도리는 아플 때 아프고, 슬플 때 슬플 줄 알면서도 아픔과 슬픔으로부터 자유자재한 경지를 말한다. 생사를 벗어난 후에야 비로소 열반에 노니는 것이 아니라, 생사 속에서 그대로 열반을 누리는 것이다. 삼계를 벗어난 후에야 해탈의 세계에 노니는 것이 아니라, 삼계에 머물면서도 삼계를 벗어난 대자유를 누리는 경지이다.

도인스님들이 아플 때 "아야, 아야!" 하면서도, 한가로운 자유인의 삶을 보여준 일화들이 적지 않다.

수덕사 초대방장을 지낸 혜암 스님이 편찮으실 때의 선화이다.

시자 나월이 여쭈었다.

"스님, 몸이 아프십니까? 마음이 아프십니까?"

"몸도 아프지 않고, 마음도 아프지 않다."

"그러면, 어디가 아프십니까?"

"아야! 아야!"

백양사 꽃이 웃고 빼꾸기가 노래하다

비로소 내 나이 28살, 음력 4월 15일 장성 백양사 대웅전 법당에서 춘성 큰스님을 끝내 만나지 못하고 경봉 큰스님의 간곡한 청도 후생으로 미룬 채 서옹 큰스님을 은사이자 계사, 법사, 증명으로 수계득도하게 되었다.

서옹 큰스님께서 법좌에 올라 법문하셨다.

"오늘은 특별히 부처님이 직접 계를 주는 것이니 잘 받아 지니고 잘 쓰고 잘 누림을 원융무애하게 안팎으로 꼭 맞게 영원히 행하라."

하시기에 나는 그저

"예, 예, 예."

할뿐이었다.

또한 서옹 큰스님께서 법문 말미에

"오늘 수계에 참여한 여러 사부대중들은 이 수계 인연공덕으로 빠짐없이 성불하기를 바라며 일체중생 일체불이 끝내 똑같은 본불본락(本佛本樂) 하기를 바라노라."

하시며, 주장자로 법상을 세 번 쿵쿵쿵 굴르시곤 벼락같은 '할'을 하시며 법좌에서 내려오시었다.

그리고 성수 큰스님께서도 법좌에 오르셔서 큰 법문을 자상하게 해주셨다. 그날은 어떤 불자님의 큰 시주로 여러 대중스님들과 많은 불자님들이 동참한 큰 수계잔치 법회가 열렸던 것이다. 지금 백양사 방장 수산 큰스님이 그때 백양사 주지직을 맡고 계셨다.

당시 백양사 산내의 온 뜨락에서는 온갖 꽃들이 난발해 웃음을 터뜨렸고 조금은 이른 감이 있었으나 백양사 우거진 꽃 수풀 산속에서 뻐꾸기가 청아하고 구성지게 뻐꾸뻐꾹뻐꾹 노래하고 있었다.

나는 이제 내가 처음 발심한 의도대로 뒤늦은 감이 있었지만 이 세상의 참 생명, 참 행복, 참 삶을 위해서 수많은 도인을 출현시키기 위한 첫걸음을 내딛은 것이다.

진흙소가 물속으로 걸어가는구나

이제 승려로서의 생활을 하루하루 실답게 익혀가면서 백양사에서 하안거 한 철을 머문 뒤 다시 만행길에 나섰다. 스스로 정진을 계속하며 인연 닿는 대로 불자님과 수좌스님들의 공부를 탁마하고 도우면서 세간과 출세간을 구별 없이 행각하다가 어느 날 다시 백운암 서옹 큰스님을 문안차 뵙게 되었다.

서옹 큰스님께서는 종정으로 추대 되셨지만 일상생활은 예전처럼 검소하고 여여했다. 서옹 큰스님께 큰절 세 번 올리니 항상 그대로 자비로운 미소가득 담고 말씀하셨다.

"가서 쉬어라."

"어떤 것이 참으로 쉬는 것 입니까?"

"진흙소가 물속으로 걸어가는구나."

"물결마다 산호열매 계수열매입니다."

"온 세상에 꽃비가 내리는구나."

"항상 큰스님 발밑입니다."

"그대 발바닥이구나."

큰스님께 다시 큰절 세 번 올리고 물러나왔다.

사족

'참으로 쉬는 것이 무엇이냐?' 는 질문에 '진흙소가 물속으로 걸어간다.' 하니, 이 무슨 도리일까.

진흙소는 불성(佛性)을 상징한다. 그리고 파도는 하루라도 편할 날이 없는 번뇌망상 속의 세상살이를 비유한다. 이 거친 세파를 피해 보려고 이 쪽에서 저 쪽으로, 요리 조리 발버둥치며 움직여 보지만 파도가 그치기란 요원하다. 이럴 때는 차라리 파도의 흐름에 배를 내맡기는 것이 낫다. 파도와 물결의 흐름을 순리대로 타는 것이다. 그리고 파도는 본래 잔잔한 물결과 둘이 아닌 같은 물이다. 아무리 파도가 친들 물이라는 속성에는 변함이 없다. 번뇌망상이라는 파도가 본래 공한 것이기에, 그것이 그대로 보리임을 요달한다면, 파도가 더 이상 두렵지 않다. 물결의 일어남과 사라짐이 생이요 멸이지, 바닷물 자체는 생멸이 아니기 때문이다.

더위를 피하려면 더위 속으로 뛰어들고, 추위를 피하려면 추위 속으로 들어가라는 고인들의 이야기가 있다. 마찬가지로 파도를 피하려면 파도 속으로 뛰어들어야 한다. 거친 파도와 둘이 아닌 물속으로 들어감으로써, 비로소 불꽃 속에서 연꽃을 피우고, 번뇌 속에서 보리를 얻어 안심입명(安心立命)할 수 있는 것이다. 이것이 참으로 쉬는 것이 아닐까.

육영수 여사와 슬프고 원통한 도리

이튿날 백운암 대중방에서 여러 대중스님들과 아침공양을 한 후 다과를 먹고 있을 때다.

이런 저런 이야기 중에 서옹 종정스님께서 육영수(1925~1974) 여사 영결식에 하신 법어를 두고 폄하하는 비평이 분분했다.

법어는 이러했다.

아아! 슬프고 원통하도다.

하늘과 땅이 깜깜하고 해와 달이 빛을 잃었도다.

나라를 위한 거룩한 희생의 은혜로 국가가 안정되고 천하가 태평하도다.

필경 낙처가 어디인가?

북녘산은 거꾸로 서 있고 한강은 유유히 만고에 흐르도다.

할!

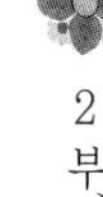

'아아! 슬프고 원통하도다.' 하는 이 첫 구절이 영 마음에 안 든다는 것이다. 어찌 종정으로서 그런 법문을 천하에 할 수 있느냐는 것이다. 여기저기에서 불평불만이 극치를 이루는 성토장이었다. 더구나 종정스님을 모시고 종단을 이끄는 몇몇 도인스님들이며, 더구나 한 소식했다는 몇몇 도인스님들이며, 더구나 사형 되시는 몇몇 스님들이며, 훗날 큰스님 법을 이어받은 사형인 종성 스님마저도 아무 말 없이 묵묵부답하고 있으니, 맨 말석에 끼어 앉아있던 새내기 중인 내가 듣다듣다 못해 한마디 아니할 수가 없었다.

문득 한 번 헛기침을 크게 하고는 큰 소리로 일갈했다.

"'아아! 슬프고 원통하다.'는 이 구절이야말로 만고에 전무후무한 조불조사의 골수법문이거늘 어찌 그리 바로 못보고 종정스님뿐 아니라 스스로 자기 자신에게나 우리 불법에 큰 누를 끼치시는 겁니까?"

순간 찬 물을 뒤집어쓴 듯 여러 대중스님들 얼굴색이 파랗게 질리며 쥐죽은 듯 고요해졌다. 이후로 여러 대중스님들 각자의 공부가 달라졌다.

사족

진정한 생사해탈은 생사로부터 도피하는 것이 아니라, 생사 속으로 들어가 자유자재한 삶을 사는 것이다. 마찬가지로 진정한 출세간은 세간에서 도망치는 것이 아니라 세간 속으로 뛰어 들어가 출세간의 이상을 실현하는 것이다. 왜냐하면 생사와 해탈이 둘이 아니요, 세간과 출세간이 본래 둘이 아니기 때문이다.

영결식 법어에 “아아! 슬프고 원통하도다.” 라는 법어는 세간의 예법을 따른 지극히 상식적이면서도 탈속(脫俗)한 법문이다. 슬픔과 원통함을 드러낸 가운데서도 이를 초월한 도리가 있음을 살펴야 한다. 로마에 가면 로마의 법을 따르는 것이 좋다. 서옹 스님의 법문은 ‘평범 속의 비범’ 이 진정한 비범함임을 일깨우는 살아있는 법문이 아닐 수 없다.

9×9=80이 9×9=82이다

며칠 후 서옹 큰스님께 떠날 인사를 올리니 물으셨다.

"어디를 가려고 하느냐?"

"제방의 선방으로 가려고 합니다."

"금강경을 한번 읽어보고 가지 그러느냐?"

"어떤 것이 금강경의 대의입니까?"

"둥근 것은 둥글고 모난 것은 모나리라."

"큰스님께서 둥글고 큰스님께서 모납니다."

"어째서 그러하느냐?"

"큰스님께서 천하의 주인이십니다."

"누구나 다 그러하다."

"9×9=80이 9×9=82입니다."

"9×9=82가 9×9=81이구나."

"9×9=81이 9×9=82입니다."

"필경 어째서 그러하느냐?"

"붉은 것은 붉은 것을 지나서 낱낱이 붉습니다."

"좋은 금강경이구나."

다시 큰스님께 큰절 세 번 올리고 물러나왔다.

사족

금강경의 대의는 '우바이는 남자요, 우바새는 여자다.' 는 것이다. 영흥 스님은 "천하의 주인이 되면 한 생각 일으키기 전과, 일으킨 한 생각 그대로와, 한 생각 사라진 후가 다르지 않다."고 말한 바 있다.

세존의 양구(良久)와 유마의 침묵

중이 된 다음 해 하안거 결제 만행 중 백운암에 주석하고 계시는 서옹 큰스님을 다시 찾아 뵙고 큰절 세 번 올리니 물으셨다.

"요즈음 어떠하냐?"

"쓸 데 없이 이리 저리 돌아다닙니다."

"제방 선원에나 가보지 그러느냐?"

"너무 박복해서인지, 여의치 않습니다."

"왜 박복한 짓을 하느냐?"

"조불조사도 다 박복했습니다."

"어째서 그러하냐?"

"다시 보탬이 없습니다."

"세상의 부귀 공명이 어찌 너의 청빈락(清貧樂)에 비하겠느냐?"

"네, 네, 네."

"어떤 것이 도냐?"

(얼른 굳게 다문 내 입술에 손가락을 가로 지르며) "쉿!"

"유마의 침묵이냐?"

(다시 얼른 굳게 다문 내 입술에 손가락을 가로 지르며) "쉿!"

"세존의 양구(良久 : 문답이나 상당 설법에서 한참 동안 무언의 상태로 있는 것)냐?"

(다시 얼른 굳게 다문 내 입술에 손가락을 가로 지르며) "쉿!"

"필경 무엇인고?"

(다시 얼른 굳게 다문 내 입술에 손가락을 가로 지르며) "쉿!"

"쉿! 한 후에는 어떠한고?"

"콩떡 팥떡으로 해와 달을 띄우고 쑥국 쑥밥으로 산과 물을 펼칩니다."

"네가 유마의 침묵과 세존의 양구를 잘 쓸 줄 아는구나."

큰스님께 다시 큰절 세 번 올리고 물러나왔다.

사족

『선문염송』에는 다음과 같은 '세존 양구(良久)' 공안이 보인다.

세존에게 어떤 외도가 묻되 "말 있음을 묻지 않고 말 없음을 묻지 않습니다." 하니 세존께서 양구하셨다.

이에 외도가 찬탄하되 "세존께서 대자대비하시와 저의 미혹의 구름을 열어주셔서 저로 하여금 깨달아 듣게 하셨나이다." 하고 물러났다.

외도가 떠난 다음에 아난이 묻되 "외도가 무엇을 증득하였기에 '깨달아 들었다' 하나잇가?" 하니 부처님께서 말씀하시되 "세상의 좋은 말은 채찍의 그림자만 보아도 달리는 것과 같으니라" 하셨다.

외도의 질문에 부처님은 우뢰와 같은 침묵으로 대답하셨다. 말 있음과 말 없음 사이에 양자를 아우를 수 있는 것은 무언의 대답일 수밖에 없다. 말을 해도 안 되고, 말을 안 해도 안 되니 어떻게 할 것인가. 선종에서는 이를 일러 불립문자(不立文字)라고 한다. 말 이전의 세계, 생각 이전의 자리를 드러내는 표현이다. 부처님의 양구는 채찍 그림자가 움직이기 이전이니, 말 있음과 말 없음의 시비분별이 붙을 수 없는 격식을 초월한 말인 것이다.

『유마경』에 보이는 유마거사의 침묵[默然] 역시 세존의 양구에 버금가는 위대한 웅변이 아닐 수 없다.

어느 날 유마거사가 문수에게 이렇게 물었다.

"진리로 들어가는 문은 하나밖에 없습니다. 어떻게 해야 그 하나의 문으로 들어갈 수 있겠습니까?"

문수가 대답했다.

"내 생각은 이렇습니다. 진리란 말로 설명할 수도 없고, 남에게 보일 수도 없고, 자기가 볼 수도 없습니다. 모든 언어와 시시비비를 떠난 것이 곧 진리의 문으로 들어가는 길입니다."

그러고는 문수가 도리어 물었다.

"내 생각은 그렇습니다만, 유마께서 한 말씀 해 보십시오."

그러자 유마는 한동안 침묵을 지키고 있었다.

유마의 침묵을 지켜보던 문수가 그 자리에서 탄복하며 소리쳤다.

"저 유마거사의 침묵 속에는 천둥치는 소리가 들어 있다!"

달마 조사께서 서쪽에서 온 뜻은?

이튿날 저녁예불 후 큰스님께서 찾으시기에 뵙고 큰절 세 번 올리니 묻기를

"달마 조사께서 서쪽에서 온 뜻은 무엇인고?"

"내일도 해가 동쪽에서 뜹니다."

"달마 조사께서 무제에게 무공덕(無功德)이라 한 뜻은 무엇인고?"

"산호열매 계수열매입니다."

"달마 조사께서 무제에게 모른다고 한 뜻은 무엇인고?"

"꽃은 붉고 버들은 푸릅니다."

"달마 조사께서 짚신 한쪽만 메고 되돌아간 뜻은 무엇인고?"

"서산에 해가 떨어질 줄 모릅니다."

"동풍을 열어 만 봄을 즐기고, 서풍을 거두어 만 가을을 누립니다."

"비로소 달마 조사께서 안심입명 하는구나."

나는 다시 큰 절 세 번 올리고 물러나왔다.

이튿날 아침공양 후 큰스님께서 찾기에 뵙고 큰절 세 번 올리니 물으셨다.

"부처님께서 영산회상에서 여러 대중에게 꽃을 들어 보이신 뜻은 무엇인고?"

"맵새는 맵새로 중생과 부처를 홍대로입니다."

"부처님께서 다자탑 아래에서 가섭과 자리를 나누어 함께 한 뜻은 무엇인고?"

"콩새는 콩새로 사바와 극락을 홍대로입니다."

"부처님께서 사라쌍수 아래서 열반 후 관밖으로 두 발을 내보인 뜻은 무엇인고?"

"팥새는 팥새로 이승과 저승을 홍대로입니다."

"필경 어째서 그러한고?"

"고슴도치가 해와 달을 쌍으로 띄우고 두더지가 산과 물을 쌍으로 펼칩니다."

"너는 너로, 너를 온 천하로 자유자재하게 누리구나."

"큰스님의 무한광명 항사묘용입니다."

큰스님께 다시 세 번 큰절 올리고 물러나왔다.

사족

달마 대사가 처음 무제를 알현하자 양 무제(梁武帝)가 물었다.

"짐은 사찰을 일으키고 스님들에게 도첩(度牒 : 승려증)을 내렸는데, 무슨 공덕이 있겠습니까?"

"공덕이 없습니다."

다시 양 무제가 달마 대사에게 물었다.

"무엇이 근본이 되는 가장 성스런 진리입니까?"

"텅 비어 성스럽다 할 것도 없습니다."

"나와 마주한 그대는 누구십니까?"

"모르겠습니다."

"무제가 이를 깨닫지 못했다."

이는 『벽암록』에 등장하는 달마 대사와 양 무제와의 대화이다.

양 무제는 불심천자라 불릴 정도로 불교 중흥에 막대한 공을 들인 황제이다. 그럼에도 그는 스스로 공덕을 쌓았다는 상(相)을 가졌기에 공덕이 아닌 복덕에 머물 수 밖에 없었다. 그리고 진정한 공덕이란 사찰을 창건하고 승려 수를 늘이는 불사에 있는 것이 아니라, 불사를 일으키는 근본 자성을 깨닫는 것임을 몰랐다.

또 양 무제는 근본이 되는 성스러운 진리가 일상의 삶을 떠나 따로 존재한다는 생각을 갖고 있었다. 텅 트여서 성스럽지도 않고 속되지도 않은 진리는 우리의 일상사를 조금도 벗어나지 않은 채 함께 하기에, 마조 대사는 '평상심이 도(平常心是道)' 라고 하였다. 평상심은 옳고 그름, 아름다움과 추함, 성인과 범부, 보리와 번뇌, 열반과 생사라는 이분법을 벗어난, 텅 비었으되 묘하게 작용하는 일심(一心)인 것이다.

또한 양 무제는 달마 대사의 '불식(佛識 : 모른다)' 이란 말을 전혀 알아듣지도 못했다. 사람마다 가진 이 '한 물건' 은 부모로부터 태어나기 전의 본래면목으로서, 그 어떤 언어로도 규정할 수 없고 생각으로도 헤아릴 수 없어서 부처님과 조사도 입을 뗄 수 없는 자리임을 몰랐던 것이다.

이러한 본래면목, 청정자성을 영흥 스님은 "꽃은 붉고 버들은 푸릅니다." 라고 말하고 있다. 불성이니, 자성이니, 성품이니 하는 '거시기' 가 육신의 안에만 존재한다고 여기면 그것은 대단한 착각이다. 거시기는 '마음 거울[心鏡]' 과 같아서 '보는 그대로가 깨달음[觸目菩提]' 이요, 듣는 그대로가 성품임을 깨달아야 한다.

조사 공안 점검

이튿날 점심 공양 후 서옹 큰스님께서 찾기에 뵙고 큰절 세 번 올리니 물으셨다.

"조주고불(趙州古佛 : 깨달음이 깊고 투철한 조주 스님을 칭함)은 어째서 개에게 불성이 없다 했는고?"

"동풍을 펼쳐 만 봄을 즐기고 서풍을 거두어 만 가을을 누립니다."

"어째서 그러한고?"

"물 위에 물로 앉아 천하를 만 바다로 노닙니다."

"조주고불은 어째서 개에게 불성이 있다 했는고?"

"돌을 쪼개어 옥을 얻고, 콩을 빚어 두부를 먹습니다."

"어째서 그러한고?"

"산속에 산을 드러내 천하를 만 산으로 노닙니다."

"필경 무불성(無佛性), 유불성(有佛性)이 무엇인고?"

"꽃을 심고 심어 산과 물을 풍요롭게 하고, 열매를 따고 열매를 따, 해와 달을 더욱 밝게 합니다."

"그대가 조주고불의 무불성, 유불성을 꼭 맞게 쓰는구나."

"큰스님 안에 조주고불의 무불성, 유불성이 한 잔의 차입니다."

"어떤 것이 조주고불의 한잔 차인고?"

"아침에는 붉고 흰 꽃을 가리키고 저녁에는 산호열매 계수열매를 뿌립니다."

"비로소 조주고불이 한 잔 차를 마시겠구나."

"큰스님께 지금 당장 조주고불의 차 한 잔을 올리겠습니다."

큰스님께 정중히 큰절 세 번 올리고 물러나왔다.

이튿날 저녁 예불 후 큰스님께서 찾기에 뵙고 큰절 세 번 올리니 물으셨다.

"어떤 것이 세존의 꽃 한송이인고?"

"봄에는 봄을 펼쳐 만 봄입니다."

"어떤 것이 가섭의 미소인고?"

"가을에는 가을을 거두어 만 가을입니다."

"어떤 것이 마조의 일면불 월면불(日面佛 月面佛)인고?"

"여름에는 여름을 써서 만 여름입니다."

"어떤 것이 조주의 청다(請茶)인고?"

"겨울에는 겨울을 누리니 만 겨울입니다."

"어째서 그러한고?"

"큰스님께서 큰스님을 온 천하로 홍대로입니다."

"어떤 것이 조주의 뜰 앞의 잣나무인고?"

"춘천 막국수를 먹습니다."

"어떤 것이 동산의 삼서근(麻三斤)인고?"

"전주 비빔밥을 먹습니다."

"어떤 것이 구지의 손가락인고?"

"울진 팥죽을 먹습니다."

"어떤 것이 운문의 호떡인고?"

"울릉도 호박엿을 먹습니다."

"필경 어째서 그러하신고?"

"큰스님께서 잣죽을 먹습니다."

"니가 누룽지로 시방공양을 하는구나."

"네, 네, 네."

큰스님과 하! 하! 하! 하! 하! 한바탕 소리 높여 웃곤 다시 큰절 세 번 올리고 물러나왔다.

사족

'깨달음이란 무엇인가', '부처란 무엇인가', '달마가 서쪽에서 온 뜻은 무엇인가?' 등과 같은 불법의 근본 도리를 묻는 이런 질문을 '조사서래의(祖師西來意)'라고 한다. 여기서 조사란 달마 대사를 이르는 말이다.

이러한 조사서래의를 묻는 공안 중에 유명한 화두들은 조주(趙州 : 778~897) 스님으로부터 비롯된 경우가 많다. 대표적인 예가 공안의 왕이라 불리는 '무자(無字)' 화두를 비롯해 '뜰앞의 잣나무' 화두나 '끽다거(喫茶去 : 차나 마셔라)' 화두다.

한 수좌가 "조사가 서쪽에서 온 뜻이 무엇이냐." 고 묻자,

조주 스님은 "뜰앞의 측백나무(庭前栢樹子: 한국에서는 잣나무로 부름)다." 라고 대답하였다.

수좌가 알아듣지 못하고 다시 묻자,

조주는 "뜰앞의 측백나무이다."라고 같은 대답을 하였다.

한 승려가 도착하자, 조주 선사가 물었다.

"여기에 처음 왔는가, 아니면 온 적이 있는가?"

"온 적이 있습니다."

"차나 마시게."

조주 스님이 또 다른 승려에게 같은 질문을 하니,

그가 "온 적이 없습니다." 라고 하자,

조주 선사는 또 "차나 들게." 라고 하였다.

뒤에 원주(院主 : 절의 사무를 주재하는 스님) 스님이 의심이 나서 조주 스님에게 물었다.

"왜 온 적이 있다 해도 차를 마시라 하고, 온 적이 없다 해도 차를 마시라고 했습니까?"

"자네도 차나 한잔 마시게."(조주록)

어디에도 속해 있지 않다

이튿날 오후 서옹 큰스님께서 찾기에 뵙고 큰절 세 번 올리니 물으셨다.

"너는 너 스스로 어떤 사람이라 생각하느냐?"

"아무 짝에도 쓸모 없는 사람입니다."

"어째서 그러하냐?"

"어디에도 속해 있지 않습니다."

"그 뜻이 무엇이냐?"

"아무 짝에도 쓸모 없으니 어디에도 속해 있지 않아서
이승에도 속하지 않아 이승에도 자유롭고
저승에도 속하지 않아 저승에도 자유롭고
지옥에도 속하지 않아 지옥에도 자유롭고
천국에도 속하지 않아 천국에도 자유롭고
사바에도 속하지 않아 사바에도 자유롭고
극락에도 속하지 않아 극락에도 자유롭고
중생에도 속하지 않아 중생에도 자유롭고

부처에도 속하지 않아 부처에도 자유롭습니다."

"오늘 비로소 온 천하가, 온 법계가 유정 · 무정 스스로 다 자유롭구나."

다시 큰스님께 큰절 세 번 올리고 물러나왔다.

이튿날 아침 공양 후 큰스님을 찾아 뵙고 떠날 인사로 큰절 세 번 올리니 이르셨다.

"해제 때까지라도 여기에서 함께 지내지, 어디를 가려고 하느냐?"

"저대로 해야 할 일이 있습니다."

"할 일이 어떤 것인고?"

"자라에게는 자라를 맡겨 온 법계(法界)를 홍대로 이루고
나귀에게는 나귀를 맡겨 온 세상을 홍대로 누리게 합니다."

"장하구나, 장하구나, 장하구나."

"큰스님께서는 항상 법체(法體) 강건하시어 일체중생을 다 성불본불(成佛本佛)케 하소서."

"그래, 그래. 너도 그리 하거라."

큰스님께 큰절 세 번 올리고 물러나왔다.

사족

영흥 스님이 "어디에도 속해 있지 않습니다." 라고 말한 것은 그 어디에도 의지함이 없는 '무의도인(無依道人)', 곧 불성, 자성을 말한 것이다.

임제 선사는 『임제록』에서 '의지함이 없는 도인'을 이렇게 설명하고 있다.

"오직 법을 듣는 사람, 어디에도 의지함이 없는 도인이 모든 부처님의 어머니다. 그러므로 부처는 의지함이 없는 데서 생겨난다. 만약 의지함이 없음을 깨닫는다면 부처라는 것도 얻을 것이 없다[佛從無依生 若悟無依 佛亦無得]. 만약 이와 같이 보게 된다면 이것이야말로 참되고 올바른 견해인 것이다."

어디에도 의지함이 없이 홀로 드러나 있는 사람, 법문을 들을 줄 아는 이 사람이 모든 부처님의 어머니다. 만약 어디에도 의지함이 없는 '거시기(본래면목)'를 깨달으면 부처도 또한 찾을 필요가 없다. 무의도인(無依道人), 무위진인(無位眞人), 무위도인(無位道人)이 모두 같은 뜻을 담고 있다. 그 어디에도 걸림없는 청정한 '자성'을 상징한 말이다.

종정으로 계시니 어떠합니까?

나는 계속 만행하며 이 세상에 하루 빨리 불국토가 이뤄지길 기원하며 많은 도인의 출현을 탁마해서 도우며 세상 복지에 적게나마 봉사하며 또 한 해를 보냈다. 하안거 해제 때 다시 백운암에 주석하고 계시는 서옹 큰스님을 뵙게 되었다.

큰절을 세 번 올리니 큰스님께서 빙그레 웃으시면서 물었다.

"어디서 오느냐?"

"큰스님이 항상 걱정입니다."

"나를 위해서 백양사에서 살아다오."

"종정으로 계시니 어떠합니까?"

"석가 · 미륵은 벌거숭이로 가시밭에 누웠고, 문수 · 보현은 맨발로 무간지옥으로 달리구나."

"발바닥마다 붉고 흰 꽃이 낭자합니다."

"천하가 다 그렇다면 무슨 걱정 근심이 있겠느냐?"

"고래를 놓아 만리 파도를 즐기게 하고 사자를 거두어 만 골짜기를 태평케 합니다."

"과연, 과연, 과연 이로구나."

다시 큰스님께 큰절 세 번 올리고 물러나왔다.

이튿날 큰스님께서 부르시기에 뵙고 큰절 세 번 올렸더니 물으셨다.

"세 사람이 길을 가는데 앞 사람이 옆구리에 칼을 차고 가며 쩔렁쩔렁쩔렁 칼 소리를 내니, 가운데 사람이 '칼 소리가 난다.' 하고 소리치고 뒷사람이 손수건을 번쩍 높이 들어보였다. 이것이 무슨 도리인고?"

"강남 강북에 달은 밝고, 동서 양방에 청풍이 끝없습니다."

"그보다 더 깊은 경지가 있느니라."

"해와 달을 띄워 만 세상을 행복케 하고 꽃과 열매를 뿌려 만 세상을 태평케 합니다."

"너는 너대로 가풍을 세우고 있구나."

이때 여러분의 불자님들이 큰스님을 뵈러왔다. 큰스님께서 나를 당신 옆자리에 앉으라고 했다. 나는 감히 큰스님의 옆 자리에 앉을 수 없었다.

이튿날 서옹 큰스님께서 다시 부르기에 뵙고 큰절 세 번 올리니 물으셨다.

"산호베개 두 줄기 눈물이여, 반은 그대를 생각함이요, 반은 그대를 한함이로다. 이 무슨 도리인고?”

“마음과 마음이 다르지 않으니, 뜨락의 일만 풀이 옛 봄을 전합니다.”

“어째서 그러한고?”

“풀잎마다 붉고 흰 꽃이 낭자하니, 세상은 언제나 봄입니다.”

“꿈도 없고 생각도 없고 잠이 꽉 들었을 때 주인공이 어디서 안심입명 하는고?”

“봄에는 봄을 펼쳐 만 세상을 행복케 하고, 가을에는 가을을 거둬 만 세상을 태평케 합니다.”

“어째서 그러한고?”

“쑥국 쑥밥으로 이승과 저승을 자유롭게, 콩떡 팥떡으로 사바와 극락을 흥대로입니다.”

“너에게 주장자가 있으면 너에게 주장자를 주고, 너에게 주장자가 없으면 너에게 주장자를 뺏어버린다. 이 무슨 도리인고?”

“낮에는 붉고 흰 꽃을 가리키고 밤에는 해와 달을 희롱합니다.”

“어째서 그러한고?”

“동풍을 펼쳐 만 봄을 즐기고 서풍을 거두어 만 가을을 누립니다.”

“너는 너대로 종풍을 세우고 있구나.”

“큰스님께서 흥대로 온 세상을 이루고 흥대로 온 세상을 누립니다.”

"주인 중의 주인이 바로 너구나."

다시 큰스님께 큰절 세 번 올리고 물러나왔다.

사족

선승이 종단의 최고 지도자인 종정(宗正) 소임을 맡는 일은 마치 부처님과 미륵이 벌거숭이로 가시밭에 누운 것과 같고, 문수보살과 보현보살이 무간지옥으로 들어가는 일처럼 수고스러운 일이다. 고요하고 청정한 산사에서 내려와 종정이란 감투아닌 감투를 쓰고 탁한 공기를 마시며 저자거리에서 법을 전하는 것은 자기를 버려야만 가능한 일인 것이다.

이는 마치 십우도(十牛圖)에서 중생구제를 위하여 저자거리로 나선 '입전수수(入廛垂手)'의 장면을 보는 듯 하다. 깨달음을 체득하고 중생의 희로애락과 아픔을 함께 하는 보살의 경지에서나 가능한 일이다. 이처럼 선사가 수행자나 속인, 축생들과 함께 생활하면서 교화에 힘쓰는 일을 남전(南泉) 선사는 '이류중행(異類中行)'이라고 말한 바 있다. 위로 깨달음을 구하고, 아래로 중생을 교화하는 일이 본래 둘이 아니다.

몰록 깨치고 몰록 닦는다

이튿날 큰스님과 산책을 하면서 큰스님께 여쭈었다.

"큰스님께선 한번 깨달으신 후에 다시 미한 적이 없습니까?"

"늘 한결같다."

"큰스님께선 돈오돈수(頓悟頓修)를 주창하셨는데, 정녕 돈오돈수란 무엇입니까?"

순간 큰스님께선 큰 기침 한번 하시고는 말씀하셨다.

"말 그대로 몰록 깨치고 몰록 닦는다는 것이다. 즉 깨치면 다시 닦을 것 없는 평상심 그대로 구경각이며 견성성불이다. 너는 어떻게 생각하느냐?"

"하!"

"말로서 이야기해 보아라."

"돈오돈수란 돈오돈수마저 초월한 돈오돈수일 때 돈오돈수와 돈오돈수를 똑같이 녹여 지금 이대로 구경각이며 평상심이며 견성성불인 본불 본중생을 쌍차쌍조한 바로 나입니다."

"그래, 그래, 그렇구나."

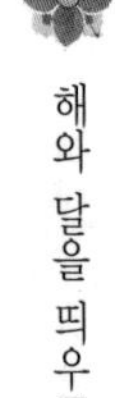

(십년후 돈오돈수에 대해 큰스님께서는 돈오돈수마저 투과하고 투과한 더 깊은 경지를 증득해야만 비로소 공부가 된 것이라고 하셨다.)

산책을 마친 후 큰스님 처소로 큰스님을 모신 후 큰절 세 번 올리고 물러나왔다.

이튿날 아침 공양 후 서옹 큰스님께 떠날 인사를 올리니 말씀하셨다.

"왜 가려고 하느냐?"

"내일 결제하려고 합니다."

"네가 뭐 결제 해제가 따로 있느냐?"

"결제 땐 콩죽 먹고 해제 땐 팥죽을 먹습니다."

"어느 때에 천하가 그대의 콩죽 팥죽을 배불리 먹을꼬?"

"풀잎마다 우담바라요, 돌멩이마다 마니보주입니다."

"그래, 그래. 오늘 하루만 더 묵고 가거라."

다시 큰절 세 번 올리고 물러나왔다.

사족

'단박 깨쳐 단박에 닦는다.'는 의미의 돈오돈수를 이해하기 위해서는 먼저 돈오와 점수에 대해 알아볼 필요가 있다.

돈오점수(頓悟漸修)는 '단박 깨친 후에 점차 닦는다[先悟後修]'는 말이다. 단번에 깨쳤다고 할지라도 아직 습기(과거의 잘못된 습관)의 지배에서 완전히 벗어나지 못하기에 보살행을 통한 점진적인 습기의 제거가 필요하다는 주장이다. 당 나라 신회(神會) 선사의 남종선(南宗禪) 계통의 선종은 주로 '선오후수(先悟後修)'의 입장을 취하였다. 고려시대 보조 선사의 '돈오점수론'도 그의 영향을 받았는데, 스님은 '오(悟)'를 햇빛과 같이 갑자기 만법이 밝아지는 것이고, '수(修)'는 거울을 닦는 것과 같이 점차 밝아지는 것과 같다는 비유를 들면서, 돈오와 점수를 이렇게 풀이했다.

"돈오란 범부가 미혹하였을 때 4대(지, 수, 화, 풍)로 몸을 삼고 망상으로 마음을 삼아, 제 성품이 참법신인줄 알지 못하고 자기의 신령한 앎이 참부처인줄 알지 못하고 마음 밖에서 부처를 찾아 허덕이며 헤매다가 갑자기 선지식의 지시를 받고 바른 길에 들어가 한 생각에 광명을 돌이켜 자신의 본성을 보면, 이 성품자리는 원래 번뇌가 없고 샘이 없는 지혜의 성품이 본래부터 스스로 갖추어져 있어 모든 부처와 털끝만큼도 다르지 않다. 그러므로 돈오라 한다. 점수란 비록 제 본성이 부처와 다르지 않음을 깨달았으나 오랫동안 익혀온 습기는 갑자기 끊어 없애기 어려우므로 깨달음에 의지하여 닦아 차츰 익혀서 공(功)을 이루고 성인의 태를 길러 오랜 세월이 지나 성인이 된다. 그러므로 점수라 한다."(수심결)

성철 스님이 강조한 돈오돈수는 깨달음은 그 자체로 궁극적인 경지이기 때문에 다시 더 닦아야할 이유가 없다는 주장이다.

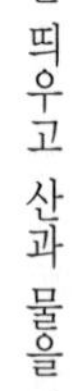

만약 다시 더 닦아야 한다면 아직 덜 깨달은 것이라는 의미다. 돈오점수를 주장한 보조지눌 선사의 입장은 한국불교의 기본입장이었으나, 성철 스님이 『선문정로』에서 돈오돈수를 주장하며 보조 선사를 비판함으로써 논쟁이 촉발되었다. 그러나 돈오돈수와 돈오점수는 둘 다 '선오후수'의 입장이란 점과 돈오한 이후에 마음이 더 이상 오염되지 않는다는 공통점을 갖고 있다.

결국 돈오한 이후에 하는 불행수행(佛行修行)은 닦는 바 없이 닦는 '무수지수(無修之修)'이기에 '돈수'라고 해도 상관없고, '점수'라고 이름 붙여도 별 상관이 없다. 그 '돈오'가 해오(解悟)가 아닌 증오(證悟)라는 전제하에서 말이다. 이치적으로는 돈오돈수가 맞지만 현상계에서 자연법칙에 따라 오래된 습관을 일순간에 제거할 수 없는 현실적인 입장에서 보면 돈오점수도 일리가 있는 것이다.

수행자들이 실제적인 참구를 통해 확철대오함으로써 진정한 구경각을 이룬다면 이러한 논쟁은 자연스럽게 해결되리라 생각한다.

산을 세우고 물을 펼친다

다음날 서옹 큰스님의 동안거 결제법문을 여러 대중들과 함께 법회에서 경청한 후 점심공양을 마치고 큰스님을 뵙고 떠나는 큰절을 세 번 올리니 물으셨다.

"어떤 것이 1구인고?"

"산을 세우고 물을 펼칩니다."

"어떤 것이 2구인고?"

"산은 푸르고 물은 흐릅니다."

"어떤 것이 3구인고?"

"산은 산이요 물은 물입니다."

"좋다, 좋다, 좋다. 훗날 천하의 안목은 오로지 그대일 것이다. 내 법을 너에게 전해주니 이제 내 법을 받아가거라."

"어떤 것이 큰스님 법입니까?"

"사자를 울부짖게 하여 붉고 흰 꽃을 난발케 하고, 흰 학을 날게 하여 산과 물을 푸르게 한다. 절룩바리 나귀가 뒷발을 걷어차고 천리마를 앞지르니 이로부터 천하가 청풍명월로 길이 태평하구나."

"저는 아직 공부가 미진합니다. 견처(見處)와 견행(見行)은 분명하고 일치하나 24시간 온전하지 않습니다. 더욱더욱 공부해서 24시간 매일매일 온전할 때 다시 와서 큰스님 법을 받아 길이 크게 일으키겠습니다."

"그래, 그래. 정녕 그렇다면 다시 훗날 시절인연을 기다리겠다. 그러나 오늘 일은 잊지 말고 언제나 내외명철(內外明徹) 내외명행(內外明行) 토록 정진하거라."

"네, 네, 네."

약간은 서운해 하시는 큰스님께 감사하는 마음과 죄송스런 마음, 경건한 마음으로 다시 큰절을 세 번 올리고 물러나왔다.

사족

성철 스님은 1981년 1월 20일 종정 취임식에서 취재진에게 모습도 드러내지 않은 채 '산시산 수시수(山是山 水是水 : 산은 산이요 물은 물이로다)'라는 짧은 법어만을 내려보내 세간에 신선한 충격과 감동을 준 적이 있다. 영홍 스님은 성철 스님의 이 법어를 염두에 두고 독자적인 안목으로 1구, 2구, 3구를 말하고 있다.

먼저 '산은 산이요, 물은 물이다.'는 경지는 마음이 마치 깨끗한 거울과 같게 되어 보는 것, 듣는 것이 모두 진리 아닌 것이 없는 단계이다. 즉 진여실상의 세계를 말한 것이라 볼 수 있다.

'산은 푸르고 물은 흐른다.' 고 하는 경지는 진여를 생활 속에 올바르게 수용(受用)하는 단계로 볼 수 있다. 숭산 스님이 독창적으로 제시한 법어이다.

'산을 세우고 물을 펼친다.' 는 것은 진여실상을 깨달아 자유자재로 누리고 쓰는 묘용(妙用)의 단계로 볼 수 있다. 영흥 스님이 진여의 활발발한 작용을 강조하기 위해 독창적으로 제시한 법문이다.

물론 이상 세 가지 법문에 차등이 있다고 분별할 필요는 없다. 다만, 중생교화를 위한 보살행의 적극성을 보다 강조한 새로운 안목을 눈여겨 보면 될 것이다.

阿弥陀

소천 스님 _ 숙면시 주인공이 어디서 안심입명 하는고?

이듬해 동안거 해제 후 인천 보각선원에 주석하는 소천(韶天, 1897~1978) 큰스님을 찾아갔다. 조실문을 두드리니 아무 기척이 없었다. 문득 문을 열고 들어서니 방석에 앉아 정진하고 있던 소천 큰스님이 벌떡 눕더니 드르렁 드르렁 드르렁 코 고는 소리를 냈다.

내가 정중히 큰절을 세 번 올리니 빙그레 웃으시면서 일어나 이르셨다.

"수좌가 왔구나."

"꿈도 없고, 생각도 없고, 잠이 꽉 들었을 때 주인공이 어디서 안심입명 합니까?"

소천 큰스님께서 문득 주먹을 내밀어 높이 들어 보이셨다. 내가 앉은 채로 합장을 하면서 말씀 올렸다.

"희유하고, 희유하고, 희유합니다."

소천 큰스님께서 기쁘게 웃으시면서 이르셨다.

"예전에 내가 금오 큰스님께 이 공안을 물었는데 머뭇머뭇 하기

에 냅다 주먹을 한 대 날렸는데, 금오 큰스님 생 이빨 세 개가 뿌리채 뽑힌 일이 있지. 그건 그렇고, 수좌는 이 공안을 어떻게 보는고?"

"큰스님께서 저에게 다시 물어주십시오."

"꿈도 없고 생각도 없고 잠이 꽉 들었을 때 주인공이 어디서 안심입명 하는고?"

"고기는 물로 보내고 새는 숲 속으로 보냅니다."

"수좌가 나보다 한 수 위구나."

"풀잎마다 산호열매요, 돌멩이마다 계수열매입니다."

"오늘 공양은 산해진미(山海珍味)구나."

한바탕 크게 웃으며 시자가 준비해 온 다과를 먹고 큰스님께 세 번 절을 올린 후 물러나왔다.

사족

독립운동가 출신의 소천(韶天, 1897~1978) 스님은 당대에 '『금강경』의 1인자' 란 별칭을 얻을 정도로 『금강경』에 통달했다고 한다. 20세 무렵 독립운동을 위해 만주로 들어가 독립군 양성소인 북로군정서(北路軍政署) 사관학교에 입학, 1918년 졸업한 스님은 이범석 등과 청산리 전투에 참가하는 등 본격적으로 독립운동을 벌였다. 그 뒤 본국과의 연락차 입국하여 숨어 살던 중 불교정신이 나라의 독립에 긴요하다고 판단, 『금강경』에 심취하여 26세 이후 전국을 돌면서 수행과 포교에 열중했다.

특히 '자각이 있어야 독립과 세계평화를 이룰 수 있다'는 신념을 가지고 각(覺)사상 운동을 전개했다. 1952년 범어사에서 용성 스님을 은사로 출가하여 부산, 마산, 진주 등지에서 『금강경』을 중심으로 한 각사상 운동을 가일층 벌였다.

이후 서울 대각사 주지를 지내며 대각회 등 청년단체를 육성하면서 경전의 한글화에 앞장선 스님은 조계종 교무부장을 맡기도 했으며, 인천 보각선원을 창건했다. 1978년 4월 15일 범어사에서 세수 82, 법랍 26년으로 입적했다. 문하에는 광덕 스님을 비롯하여 창봉, 법종, 정영, 일천, 일파, 고봉 스님 등이 있다. 저술로는 『금강경 강술』과 『반야심경 강의』, 『원각경 강의』 등이 있다.

덕산 스님 _
금불이 용광로를 건너다

중이 된지 몇 해가 지난 후 동안거 해제 때, 화계사 조실 덕산 큰스님을 뵙게 되었다. 겉모습은 남루하고 초라해 보였지만 눈빛은 부처님께서 새벽 별을 보고 도를 깨치셨을 때의 별빛처럼 찬란히 빛나고 있었다. 당시 경봉, 전강 스님처럼 널리 알려지지 않았지만, 수행의 깊이에 있어서는 그 분들과 대등한 큰스님이셨다.

덕산 큰스님께 큰절 세 번 올리니, 환하게 웃으시며 물으셨다.

"어디서 오셨는고?"

"맨 꼴찌에서 왔습니다."

"어째서 인고?"

"더 이상 이를 것이 없습니다."

"어째서 인고?"

"나머지가 없습니다."

"어째서 인고?"

"천하가 큰스님 손에 있습니다."

“어째서 인고?” “부엉새가 부엉부엉 합니다.”

“어째서 인고?”

“큰스님께서 항상 누리십니다.”

“어째서인고?”

“봄 꽃, 가을 열매입니다.”

“그대가 지금 일등했구나.”

“큰스님께서 항상 일등이십니다.”

“나는 항상 맨 꼴찌다.”

순간 큰스님과 이심전심 하며 화계사가 떠내려갈 듯, 통쾌하게 한바탕 웃었다.

큰스님께서 다시 물으셨다.

“삼세 제불도, 역대 조사도 엿볼 수 없는 것은 무엇인고?”

“붉습니다.”

“삼세 제불도, 역대 조사도 잡을 수 없는 것은 무엇인고?”

“푸릅니다.”

“삼세 제불도, 역대 조사도 쓸 수 없는 것은 무엇인고?”

“검습니다.”

“삼세 제불도, 역대 조사도 전할 수 없는 것은 무엇인고?”

“흽니다.”

“어째서 인고?”

"앞이요, 뒤입니다."

큰스님께서 또 다시 물으셨다.
"삼세 제불도, 역대 조사도 엿볼 수 있는 것은 무엇인고?"
"붉습니다."
"삼세 제불도, 역대 조사도 잡을 수 있는 것은 무엇인고?"
"푸릅니다."
"삼세 제불도, 역대 조사도 쓸 수 있는 것은 무엇인고?"
"검습니다."
"삼세 제불도, 역대 조사도 전할 수 있는 것은 무엇인고?"
"흽니다."
"어째서 인고?"
"앞이요, 뒤입니다."
"필경 무엇인고?"
"붉고 푸르니 삼매해탈이요, 검고 희니 진여실상입니다."

"어째서 금불(金佛)은 용광로를 건너지 못하는고?"
"콩은 콩죽으로 용의 잠이 편안합니다."
"어째서 목불(木佛)은 불을 건너지 못하는고?"
"팥은 팥죽으로 학의 노래 아름답습니다."
"어째서 흙불[泥佛]은 물을 건너지 못하고?"

"쑥은 쑥죽으로 봉황의 춤이 즐겁습니다."

"어째서 금불은 능히 용광로를 건너는고?"

"콩은 콩죽으로 풀잎마다 용입니다."

"어째서 목불은 능히 불을 건너는고?"

"팥은 팥죽으로 돌멩이마다 학입니다."

"어째서 흙불은 능히 물을 건너는고?"

"쑥은 쑥죽으로 쇠붙이마다 봉황입니다."

"온 천하에 해와 달이 끝없이 밝구나."

"올챙이도 피라미도 해와 달입니다."

"좋고 좋구나."

"풀잎도 돌멩이도 해와 달이구나."

순간, 다시 한번 큰스님과 이심전심 하면서 한바탕 통쾌하게 웃고 큰절 세 번 올리고 물러나왔다.

문밖을 나서려고 하는데, 어느 사이 큰스님께서 "공부 잘 해주어 고맙다."고 하시면서 그동안 모아두었던 보시금을 나의 걸망 속에 넣어주셨다.

나는 황송한 마음으로 돌아서서, 그저 "예, 예, 예!" 하면서 합장하여 세 번 절을 하고 "큰스님, 법체 강건하시어 오래오래 사십시오." 하고 물러나왔다.

훗날, 이 문답을 들은 도반스님이 내게 물었다.

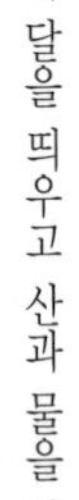

"그때 덕산 큰스님께서 스님 걸망 속에 넣어준 보시금이 얼마나 됩니까?"

"동풍을 펼쳐 천하를 자유롭게 하고, 서풍을 거두어 천하를 행복하게 합니다."

"지금 나에게도 그 보시금을 나눠줄 수 있습니까?"

"앞 가슴을 풀어 헤치고 덕산 큰스님께 아이고! 아이고! 아이고! 하십시오."

"지금 덕산 큰스님이 어디에 계십니까?"

"그대 눈썹털 속에 있습니다."

"그후에 앞앞이요, 뒷뒷이란 무엇입니까?"

"콩떡으로 해와 달을 굴리고, 팥떡으로 산과 물을 펼칩니다."

"온 천하가 언제나 풍년입니다."

"그대가 온 천하를 흥대로 누립니다."

"스님께 콩떡 팥떡 공양을 올립니다."

도반은 감격하고 좋아하며 내게 큰절을 세 번 하였다.

사족

금불, 목불, 흙불 공안의 출처는 『조주록』이다.

"쇠 부처(金佛)는 용광로를 거치면 녹아버릴 것이고, 나무 부처(木佛)는 불에 타 버릴 것이고, 진흙 부처(泥佛)는 물에 녹아 풀어진다. 참된 부처(眞佛)는 마음 속에 있다. 보리나 열반, 진여 불성이 모두

몸에 걸친 의복과 같고, 역시 번뇌라고 할 수 있다. 의문이 없으면 번뇌도 없다. 궁극적인 실제 이치라도 어디에 둘 수가 있으랴! 망심이 일어나지 않으면 만법은 허물이 없다. 단지 불법의 이치를 구명하기 위해 참선하라. 그렇게 수행하여 만약 불법의 대의를 체득하지 못한다면 노승의 머리를 잘라버려라!"

형상의 부처를 구하지 말고 진불, 곧 마음의 부처를 찾으라는 법문이다. 이 형상의 부처에는 금불, 목불, 니불만 해당되는 것이 아니라 부처라는 고정관념, 개념, 알음알이, 집착 등이 모두 포함된다. 보리니, 열반이니, 진여니, 불성이니 하는 말들 역시 형상의 부처에 해당된다.

그 무엇에도 구하는 것이 없고, 의지하는 것도 없으며, 집착하는 것이 없어서 편안히 쉴 수만 있다면 망심이 일어날 리가 없다. 그리고 망심이 일어나지 않으면 만법은 허물이 없다. 때문에 임제 선사는 "부처는 의지함이 없는 데서 생겨난다. 만약 의지함이 없음을 깨닫는다면 부처라는 것도 얻을 것이 없다[佛從無依生 若悟無依 佛亦無得]."(임제록) 고 한 것이다.

혜암 스님 _ 노파가 암자를 태운 까닭은?

어느 하안거 해제 때 만행 중 수덕사 혜암(惠菴, 1886~1985) 조실 스님의 법어집을 보게 되었다.

옛 공안 중에 한 노파가 토굴 하나를 지어놓고 한 스님을 10년 동안 봉안했는데, 하루는 딸을 시켜 아침공양을 스님이 드시게 한 후 덥썩 품에 안겨서

"지금 스님의 경계는 어떠하십니까?"

물어보게 했는데, 스님의 대답이

"삼동설한(三冬雪寒)에 늙은 고목이 차디찬 바위에 의지하니 따듯한 기운이 하나도 없구나." 하니,

이 대답을 들은 노파는 "내가 10년 동안 속한(俗漢)이 한테 속아 공양을 올렸구나." 하며 토굴도 불사르고 스님도 내쫓아 버렸다.

이때 스님이 어떻게 대답해야 노파의 10년 봉양도 헛되이 하지 않고 토굴도 불사르지 않고 쫓겨나지 않을 것인가? 하는 공안인데, 혜암 조실스님께서는

"탁한 물이 옥난간을 쳤느니라." 하셨다.

이 공안의 핵심은 세간법과 출세간법에 얽매이지 않고 세간과 출세간을 똑같이 살펴서 세간과 출세간을 실답게 쓰고 누리며 원융무애하게 다스릴 줄 아는 근원적 안목이 바로 갖추어야 볼 수 있는 것이다. 단순한 남녀 간의 문제라든지 불법의 계율에 관한 문제로만 보는 것은 이 공안의 일부분만 보게 되는 것이다.

내가 마침 혜암 조실스님을 친견했다. 혜암 조실스님은 병환으로 누워 계셨는데, 몇몇 비구스님들이 간병봉사하고 있었다. 큰절을 세 번 올린 후 말씀드렸다.

"조실스님의 법어집을 보게 됐는데, 노파가 딸을 시켜 스님 품안에 안기게 한 공안에 대해 조실스님께서 다시 한 번 점검해 보셨으면 합니다."

혜암 조실스님께서 누운 채 한참이나 눈을 지그시 감은 채 깊이 생각에 잠긴 후 다시 눈을 뜨더니

"그럼, 이 공안에 대해 수좌가 한 번 일러보소."

"시자야! 동풍을 펼쳐 온 세상을 자유롭게 하고 서풍을 거두어 온 세상을 평화롭게 하거라."

혜암 조실스님께서 순간 덥석 나의 손을 잡으면서

"진작 수좌를 만났으면 얼마나 좋았을꼬?" 하시면서 말씀하셨다.

"수좌에게 다시 묻겠는데 책에도 나와서 이미 읽었겠지만, '고기가 가면 물이 흐르고 새가 날면 깃이 떨어진다' 는 옛 언구에 허물

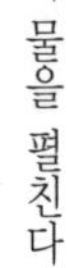

이 적지 않아서, 내가 바로잡아 만공 스님께 보여 인가를 받고 전법을 받았네. 수좌는 어떻게 보는가?"

"고기는 가도 물은 맑고 새는 날아도 자취가 없습니다."

"옳소, 옳소, 옳소. 수좌가 나의 법을 다 가졌구려."

혜암 큰스님께서 긍정하시며 어린아이처럼 좋아하셨다. 나도 아이처럼 좋아하며 혜암 조실스님의 두 손을 꼭 잡고 말씀드렸다.

"다음 세상에는 일찍이 만나 도반이 되어 함께 수행합시다."

"암, 암, 암. 그렇고 말고, 그렇고 말고."

나는 좋아하는 혜암 조실스님의 꼭 잡았던 두 손을 풀고 큰절을 세 번 올린 후 물러나왔다.

얼마 후 혜암 조실스님은 노환을 툴툴툴 털고 일어나 전보다 더 건강한 젊은 기운으로 생동감 있게 법좌에 올라 법문하시고, 여러 불자님과 수좌스님들의 법거량에 전광석화 같이 제접했다.

사족

위의 '파자소암화(婆子燒庵話)' 라는 유명한 공안과 비슷한 선화(禪話)는 일본에서 임제종의 종풍을 떨친 다꾸앙 소오호오(澤庵宗彭, 1573~1645) 선사에게서 찾아볼 수 있다. 32세 때 견성했다는 일본의 다꾸앙 선사는 유명한 검객 미야모도 무사시의 스승이기도 하다. 『부동지신묘록(不動智神妙錄)』에는 다음과 같은 일화가 기록

되어 있다.

하루는 동해사에 머물고 있는 다쿠앙 선사를 자주 찾아뵙던 한 젊은이가 한 폭의 족자를 가지고 와서 선사에게 찬(讚 : 그림에 적어 넣는 시문이나 글)을 청하였다.

그 그림은 화려하게 채색된 창녀의 나체화였다. 항상 마른 나무가지나 차가운 바위처럼 보이는 선사를 한번 시험해보려는 속셈이었다.

그 그림을 보자 선사가 말했다.

"야, 이거 참 좋다 좋아. 나도 이런 미인을 두고 살았으면 얼마나 좋을까."

이 말을 마치고 글씨를 써내려갔다.

"자, 이 정도면 될는지 모르겠네. 한번 읽어보게."

그러자 젊은이는 글을 읽어 내려가면서, 자신도 모르게 옷깃을 여미며 자세를 가다듬었다.

"부처는 진리를 팔고 조사는 부처를 팔고 말세 중생은 조사를 파는데, 그대는 5척의 몸을 팔아 일체 중생의 번뇌를 편안케 하는 구나.

색즉시공 공즉시색이니
버들은 푸르고 꽃은 붉도다.

밤마다 물위로 달이 지나가지만
마음도 머무르지 않고 그림자도 남기지 않는다."

"과거에 집착하지도 말고, 미래를 걱정하지도 말라.
앞과 뒤를 끊어 버리고 오직 현재심(現在心)만이 홀로 드러나게 하라!
머물지 않는 마음이 곧 현재심이다. 현재심은 샘물과 같이 솟아 나온다."

임제 선사의 4료간과 4빈주

만행 중에 공부를 많이 한 처사님을 만나게 되었다.

처사님께서 나에게 임제 조사님의 사료간(四料簡)에 대해 질문했다.

"어떤 것이 사람을 빼앗고 경계는 빼앗지 않는 것입니까?"

"밥을 먹었느냐?"

"어떤 것이 경계는 빼앗고 사람은 빼앗지 않는 것입니까?"

"밥을 먹었구나."

"어떤 것이 사람과 경계를 함께 빼앗는 것입니까?"

"언제나 배부르구나."

"어떤 것이 사람과 경계를 함께 빼앗지 아니한 것입니까?"

"홍대로 배부르구나."

"필경 어째서 그러합니까?"

"그대가 온 전체니 낱낱이 밥이라 꽃이구나."

처사님께서 다시 나에게 임제 조사님의 사빈주(四賓主)에 대해 물

었다.

"어떤 것이 손님이 주인을 보는 것입니까?"

"물 마시니 그대구나."

"어떤 것이 주인이 손님을 보는 것입니까?"

"그대가 물 마시는구나."

"어떤 것이 주인이 주인을 보는 것입니까?"

"그대가 물이구나."

"어떤 것이 손님 가운데 손님입니까?"

"물이 그대구나."

"필경 어째서 그러합니까?"

"그대가 온 전체니 낱낱이 물이라 흰 꽃이구나."

그날 다시 만행 중에 공부를 많이 한 보살님을 만나게 되었다.

보살님께서 앞서 임제 조사님의 사료간에 대해 똑같은 질문을 했다.

"어떤 것이 사람을 빼앗고 경계는 빼앗지 아니한 것입니까?"

"풀잎이 달이구나."

"어떤 것이 경계는 빼앗고 사람은 빼앗지 아니한 것입니까?"

"달이 풀잎이구나."

"어떤 것이 사람과 경계를 함께 빼앗는 것입니까?"

"풀잎은 풀잎으로 달이구나."

"어떤 것이 사람과 경계를 함께 빼앗지 아니한 것입니까?"

"달은 달로 풀잎이구나."

"필경 어째서 그러합니까?"

"그대가 달이요 풀잎이니, 산호열매구나."

보살님께서 다시 나에게 임제 조사님의 사빈주에 대해서 물었다.

"어떤 것이 손님이 주인을 보는 것입니까?"

"앞산에 달이 떴구나."

"어떤 것이 주인이 손님을 보는 것입니까?"

"달이 앞산에 밝구나."

"어떤 것이 주인이 주인을 보는 것입니까?"

"달이 앞산이구나."

"어떤 것이 손님 가운데 손님입니까?"

"앞산이 달이구나."

"필경 어째서 그러합니까?"

"그대가 달이요 앞산이니 계수열매구나."

그날 다시 만행 중에 공부를 많이 한 젊은 수좌스님을 만나게 되었다.

그날따라 수좌스님께서도 앞서와 같은 질문을 하였다.

"어떤 것이 사람을 빼앗고 경계는 빼앗지 아니한 것입니까?"

"꽃피니 봄이구나."

"어떤 것이 경계는 빼앗고 사람은 빼앗지 아니한 것입니까?"

"봄이니 꽃 피구나."

"어떤 것이 사람과 경계를 함께 빼앗는 것입니까?"

"앉은 채로 만 꽃, 만 봄이구나."

"어떤 것이 사람과 경계를 함께 빼앗지 아니한 것입니까?"

"곳곳마다 만 꽃, 만 봄이구나."

"필경 어째서 그러합니까?"

"그대가 만 봄, 만 꽃이니 학이 나는구나."

수좌스님께서 다시 앞서와 같은 사빈주에 대해서 물었다.

"어떤 것이 손님이 주인을 보는 것입니까?"

"안녕하신가."

"어떤 것이 주인이 손님을 보는 것입니까?"

"반갑구나."

"어떤 것이 주인이 주인을 것입니까?"

"똑 같구나."

"어떤 것이 손님 가운데 손님입니까?"

"꼭 맞구나."

"필경 어째서 그러합니까?"

"그대가 주인이요 손님이니 봉황이 나는구나."

사족

사료간(四料簡)이란 임제종에서 학인들을 제접할 때 쓰는 네 가지 방법이다.

임제 스님은 사료간을 이렇게 설명하고 있다.

"어느 때는 사람을 빼앗고 경계를 빼앗지 않으며, 어느 때는 경계를 빼앗고 사람을 빼앗지 않으며, 어느 때는 사람과 경계를 함께 빼앗고, 어느 때는 사람과 경계를 모두 빼앗지 않는다."(임제록)

여기서 '사람'은 주관적인 의식 주체를 말하며, '경계'는 객관적인 의식대상을 말한다. 경계를 빼앗는다는 말은 인식의 경계를 벗어남을 말하며, 사람을 빼앗는다는 말은 그 사람의 정식(情識), 알음알이, 분별 등을 부수는 것이다.

사료간의 첫째는 선지식이 찾아오는 학인의 입장은 부정하고 모든 경계는 그대로 두면서 그를 깨우치는 방법이다. 둘째는 경계는 부정하고 학인은 그대로 두면서 그를 깨우치는 방법이다. 셋째는 학인도 경계도 다 부정해 버리고 그를 깨우치는 것이고, 넷째는 학인도 경계도 다 인정하면서 그를 깨우치는 방법이다.

서산 대사는 『선가귀감』에서 사료간에 대해 이렇게 말하고 있다.

"사람을 빼앗고 경계를 빼앗지 않는 것은 하등 근기의 사람을 다루는 법이고,

경계를 빼앗고 사람을 빼앗지 않는 것은 중등 근기의 사람을 다루는 법이고,

사람과 경계를 함께 빼앗는 것은 상등 근기의 사람을 다루는 법이고, 사람과 경계를 모두 빼앗지 않는 것은 격 밖의 사람을 다루는 법이다."

사빈주(四賓主) 역시, 임제종에서 학인을 교화하는데 쓰는 법이다. '빈'은 학인, '주'는 스승을 말한다. 스승과 학인이 문답할 때에 때로는 스승의 견처(見處)가 우수하고, 혹은 학인의 견처가 스승보다 우수한 경우 등이 있다. 이 관계를 네 가지로 나눈 것이다.

빈중빈(賓中賓)은 미중미(迷中迷)라고도 하는데, 학인이 어리석어서 스승의 교화를 받으면서도 알아차릴 수 없는 경우이다. 빈중주(賓中主)는 학인의 견처가 스승보다 우수하여, 스승이 학인에게 심경(心境)이 간파되는 경우다. 주중빈(主中賓)은 스승에게 학인을 교화할 만한 역량이 없는 경우다. 주중주(主中主)는 스승이 자기로서 갖출 역량을 제대로 구비한 경우를 말한다.

『종문무고』에는 사빈주를 화두로 한 문답이 등장하기도 한다.

원오 스님이 오조 스님에게 임제 스님의 사빈주가 무엇인지 가르쳐 달라고 하자 이렇게 대답하였다.

"하나의 격식일 뿐이다."

"이 무슨 부질없는 일입니까?"

"이것은 말 앞에서 서로 먼저 타려고 치고 박는 것과 같아서, 넘어지면 만사 끝장이다."

너희들이 바로 극락세계에서 노는구나

다음 날 다시 만행 길에 올랐는데, 폐사가 된 대통사를 지나가게 되었다.

당간지주만 우뚝 선 대통사 빈 뜨락에 무리 진 철쭉꽃이 붉게 난발해 있었다.

무리지어 붉게 난발한 철쭉꽃 사이로 여덟, 아홉 명의 아이들이 홍대로 놀고 있었다.

내가 절룩절룩절룩 지나가는데, 한 아이가 문득 물었다.

"스님은 지금 무엇하세요?"

"나무 아미타불을 찾는다."

"무엇하게요?"

"너희들을 극락세계로 데리고 갈려고."

"극락세계가 어디예요?"

"저 꽃을 보느냐?"

(이번엔 여덟, 아홉 명의 아이들이 동시에 이구동성으로) "예, 보

여요. 참으로 예쁘고 멋있어요."

"너희들이 바로 극락세계에서 노는구나."

"예, 좋아요. 참으로 즐겁고 행복해요."

나도 덩달아 참으로 즐겁고 행복해 하면서 절룩절룩절룩 붉은 철쭉꽃으로 극락세계를 난발하고, 절룩절룩절룩 극락세계를 빨간 철쭉꽃으로 난발하며 만행을 계속했다.

사족

진리는 항상 눈앞에 있다. 불법은 지금 코앞에 있다. 그것은 언제나 없는 곳이 없다. 극락세계도 마찬가지이다. 마음의 눈이 열리면 눈에 가득한 그대로가 극락이다.

천태덕소 스님은 그래서 "마음 밖에는 법이 없으니[心外無法], 눈에 가득 온통 푸른 산이네[滿目靑山]" 라고 노래했던 것이다. '도무소부재(道無所不在 : 도가 없는 곳이 없다)' 나 '촉사이진(觸事而眞 : 손에 닫는 것 그대로가 진실)', '촉목보리(觸目菩提 : 눈에 보이는 그대로가 깨달음)' 라는 말들이 이런 진실을 직접적으로 표현하고 있다.

이러한 도리를 깨달으면 사바세계에서도 극락의 삶을 보고 즐길 것이요, 깨닫지 못한다면 눈앞에 있어도 보지 못하는 눈뜬 장님으로 평생 캄캄한 삶을 살 수 밖에 없는 것이다.

'돈오돈수' 전한 편지

세월이 흘러 어느 해 하안거 중에 대흥사 조실로 주석하시던 서옹 큰스님께서 진천 백곡 불뢰산 불뢰토굴에 정진 중인 나에게 편지를 보내 왔다.

편지 내용은 공부에 대해서 재삼 노파심절하게 자상하게 말씀하셨는데 어묵동정, 자나 깨나, 오나 가나 화두일념으로 오매일여해서 오매일여한 그 자리에서 뒤집어 회광반조하면 본래 자리를 바로 보아 견성하게 되는데, 견성한 그 자리에도 머물지 말고 계속 정진해서 투과하고 투과하면 비로소 진정 확철대오한 명안종사가 될 것이며, 그리고 속히 대흥사로 돌아와 함께 살자는 내용이었다.

그런데 이를 같이 읽어 본 함께 정진하던 도반스님 두 분 중에 한 도반스님이 편지를 찢어버렸다. 지금 이대로 돈오돈수의 소식을 전하고 싶음이라 이해를 했다.

아무튼 하안거 해제 전날 대흥사 조실당에서 서옹 큰스님을 뵙고 큰절을 세 번 올리니 말씀하셨다.

"이 곳은 너무 시원한데, 그 곳은 어떠했느냐?"

"조불조사도 꽁꽁 얼어붙어 한 눈썹털도 움직이지 못했습니다."

"그러하거늘 그대는 어떻게 예까지 왔느냐?"

"큰스님 눈썹털이 만 자나 깁니다."

큰스님이 깔깔깔 하며 어린아이처럼 천진하게 마음껏 웃으셨다.

그리고는 다시 물으셨다.

"어떤 것이 금강왕 보검인고?"

"콩떡으로 해를 띄우고 팥떡으로 달을 굴립니다."

"어떤 것이 땅에 웅크려 걸터앉은 금모사자(金毛獅子)인고?"

"쑥국으로 산을 세우고 쑥밥으로 바다를 펼칩니다."

"어떤 것이 염탐하는 장대와 그림자 풀인고?"

"군밤으로 학을 날리고 군고구마로 봉황을 거둡니다."

"어떤 것이 일 할이 일 할을 짓지 않음인고?"

"찰밥으로 꽃을 이루고 찰떡으로 열매를 뿌립니다."

큰스님께서 파안미소 하시면서 말씀하셨다.

"이번 하안거 해제는 그대가 다 하는구나."

"오로지 큰스님의 자비이십니다."

다시 큰절을 세 번 올리고 나왔다.

진제 스님 _
문수 · 보현을 철위산에 가둔 도리

이튿날 대흥사에서 서옹 스님의 하안거 해제 법문을 경청한 후 다시 만행 길에 나섰다. 그야말로 구름 따라, 바람 따라, 강물 따라, 길 따라, 시절인연 따라 해운정사 진제(眞際, 1 934~) 조실스님을 친견하게 되었다. 아주 당당하고 소탈하셨다. 선기(禪機)는 해운대 앞바다 보다 더 푸르고 힘차게 넘치셨다.

진제 조실스님께 예를 올린 후 다과를 함께 하게 되었다. 차도 마시고 과일도 먹으면서 자연스럽게 아무 가식도 없이 진제 조실스님께서 물으셨다.

"어젯밤에 문수 · 보현을 철위산(鐵圍山)에 꽉 가두었는데, 이것이 무슨 도리인고?"

내가 무어라 답을 하려고 하는데, 진제 조실스님께서 전광석화 같이 손바닥으로 내 어깨를 한 번 후려쳤다.

나는 순식간에 한 방 맞은 후 얼른 갖고 있던 부채를 불쑥 앞으로 내밀었다. 그러자 진제 조실스님께서 부채를 빼앗아 내던져 버렸다.

나는 다시 얼른 부채를 주어 와서 다시 내밀었다.

그러자 진제 조실스님께서 다시 부채를 빼앗아 내던져 버렸다.

나는 다시 얼른 부채를 주어 와서 다시 내밀었다.

그러자 진제 조실스님께서 다시 부채를 빼앗으려고 하는 순간, 내가 부채를 확 펼치며 부채질 하면서 말했다.

"아! 시원하다! 조실스님께서는 거둘 줄만 알지, 펼쳐 쓸 줄은 모르시는군요."

진제 조실스님께서는 아무 말씀이 없었다. 벌서 30년쯤 전의 일이다.

어느 훗날 이 공안에 대해서 도반 수좌가 물었다.

"어젯밤에 문수 · 보현을 철위산에 꽉 가두어버렸는데, 이것이 무슨 도리인고?"

"떨어진 꽃잎이 방광을 하는구나."

도반 수좌스님이 합장하며 감격해 했다.

사족

위 공안은 『조주록』에 보인다.

남전 선사 조실채에 제자인 조주 스님이 들어오니 남전 선사가 말하기를

"어젯밤에 문수보살과 보현보살을 각각 30방씩 때려서 철위산 지옥에다 던졌네." 하니

조주 스님이 "화상은 누구의 방망이를 맞으시렵니까?" 하고 물었다.

남전 선사가 "왕 노사(본인 남전 선사)는 허물이 어디에 있는고?" 하고 되물으니.

조주 스님은 말없이 큰절을 하고 나갔다.

문수보살(文殊菩薩)과 보현보살(普賢菩薩)은 석가여래불을 좌우에서 모시는 협시보살(脇侍菩薩)이다. 문수보살이 여래의 왼편에서 부처들의 지덕(智德) · 체덕(體德)을 말하고 있으며, 보현보살은 오른쪽에서 이덕(理德) · 정덕(定德) · 행덕(行德)을 맡고 있다. 문수보살은 참된 지혜의 상징이고 보현보살은 부처님이 중생을 제도하는 일을 돕고 중생들의 목숨을 길게 하는 덕을 지녔다.

철위산(鐵圍山)은 불교의 우주관에서, 세계의 가장 끝에 있는 산이다. 산 바깥쪽은 우주의 끝으로 어둡고 캄캄하며 무서운 암흑이 펼쳐져 있는데, 미륵보살이 아난과 함께 이 산에서 대승경전을 결집했다고 한다. 선어록에서는 부처라는 생각과 중생이라는 생각, 있다는 견해[有見]와 없다는 견해[無見], 영원불변하다는 견해[常見]와 단멸한다는 견해[斷見] 등 이분법적인 생각이 바로 두 철위산 지옥을 이룬다고 했다. 이 공안을 투과하려면 온갖 시비분별과 망념을 여의

고 화두일념에 들 수 밖에 없다.

『완릉록』에는 이 공안과 관련한 다음과 같은 법문이 보인다.

"한가하여 스스로 일 없도록 하여 쓸데없이 마음을 쓰지 말라. '참됨을 구할 필요가 없나니, 오직 모든 견해를 쉴지니라. 그러므로 안으로 봄[內見]과 밖으로 봄[外見]이 모두 잘못이며 부처의 도와 마구니의 도가 모두 나쁜 것이니라. 그렇기 때문에 문수보살이 잠깐 두 견해를 일으켰다가 그만 두 철위산 지옥으로 떨어진 것이다.

문수보살은 참된 지혜의 상징이고 보현보살은 방편적인 지혜의 상징이다. 방편과 참됨이 서로서로 작용하여 끝내는 방편과 참됨 그것마저도 사라지고 오로지 한마음뿐인 것이다. 마음은 결코 부처도 아니고 중생도 아니다. 서로 다른 견해가 있는 것이 아닌데, 부처의 견해를 갖기만 하면 바로 중생의 견해를 내게 되느니라. 있다는 견해, 없다는 견해, 영원불변하다는 견해, 단멸한다는 견해가 바로 두 철위산 지옥을 이룬다. 이처럼 견해와 장애를 받기 때문에 역대의 조사들께서 일체 중생의 본래 몸과 마음이 그대로 부처임을 바로 가리키신 것이다."

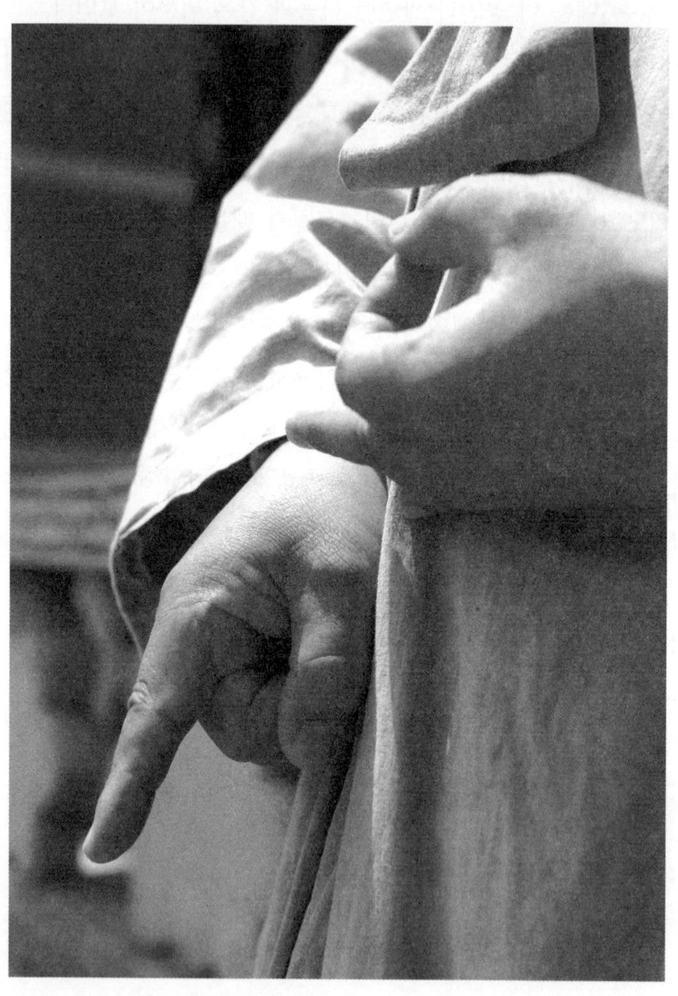

춘성 스님 _
그대가 길이요, 시작이요, 끝이니라

다시 세월이 흘러 어느 해 하안거 해제 만행 중 용인자연농원 동물원 앞이었다.

그렇게도 중 되기 전 여러 해 동안 가슴 사무치게 찾아다녔던 춘성 큰스님을 만나게 되었다.

춘성 노사께서 대뜸 물으셨다.

"사자를 보았느냐?"

"예 보았습니다. 큰스님께서도 보았습니까?"

"그래, 보았다."

"그럼, 어떻게 했습니까?"

"아악!"

큰스님께서 자연농원이 박살날 정도로 큰 소리로 할을 하셨다.

이윽고 다시 함께 길을 걷게 되었는데, 큰스님께서 밀짚모자도 쓰지 않은 채 뜨거운 뙤약볕을 받고 있음이 걱정 되어서 내가 썼던 밀짚모자를 얼른 큰스님 머리에 씌워드렸다. 그랬더니 큰스님께서는 얼른 밀짚모자를 벗어 높이 들어보이곤 다시 나의 머리에 씌워주시면서 말씀하셨다.

"그대는 햇빛 따라 덥겠지만, 나는 언제나 시원하다."

내가 합장을 하며 여쭈었다.

"이 길이 끝나는 곳은 어디입니까?"

큰스님께서는 아무 말씀도 없이 그냥 걷기만 했다. 10리쯤 침묵과 정적과 고요 속에서 걷고 있었지만, 내면의 어딘가 모르는 저 깊숙한 곳에서는 삶의 본질에 대해 이심전심 하고 있었다.

마침 버스 한 대가 와서 멈추었다. 큰스님께서 손을 번쩍 들어 보이며 깊은 침묵을 깨뜨리며 말씀하셨다.

"나는 간다. 그대의 길은 그대가 길이요, 그대가 시작이요, 그대가 끝이니라."

큰스님께서 차에 올랐다.

나도 손을 번쩍 들어 보이고 합장을 한 후 다시 손을 번쩍 들어 흔들었다.

끝내 큰스님께서는 차를 타고 떠나고, 나는 다시 만행의 발걸음을 계속 했다. 몇년 후 춘성 큰스님의 열반 소식을 들었다.

열반송은
"산하대지 노래요, 혼천지 춤이구나."
였다.

나는 절룩절룩절룩 만행 길에서 추모송을 올렸다.

"안팎으로 꾸밈없이 언제나 고운님으로
중생을 만나면 중생을 살리고
부처를 만나면 부처를 살리니
산하대지 노래요, 혼천지 춤입니다."
(분향 삼배)

사족

육두문자를 거침없이 써서 '욕쟁이 도인'으로 유명했던 춘성(春城, 1891~1977) 스님은 13세에 백담사 만해 한용운 스님 문하로 출가하여, 만해 스님의 유일한 제자가 되었다. 금강산 유점사에서 동선 스님으로부터 구족계를 받은 스님은 25세에 평안도 안변 석왕사에서 전문강원 대교과를 수료하고 신흥사 주지, 석왕사 주지를 역임했다. 삼청동 칠보사를 창건하고 도봉산 원통사를 중창하는 등 도량 건립에도 힘썼다.

40세에 스님은 수덕사 만공 스님 문하에서 본격적인 참선 공부에 매진했다. 만공 스님이 "별전일구(別傳一句)가 재기처(在基處)오?" 라고 물음에, 춘성 스님은 우렁찬 목소리로 일갈(一喝)하였으나, 만공 스님이 이를 긍정하지 않았다. 이에 스님은 수덕사 정혜사에서 겨울에 불도 지피지 않고 장좌불와를 거듭하였고, 그 후 금강산 유점사에서 3년간 정진하다가 마지막 동안거 결제일에 "이제 잠은 항복받았다"고 하면서 무애한 대자유인으로 거듭났다.

45세에 25하안거를 마치고, 망월사 주지, 강화 보문사 주지 등을 역임했으며, 80세까지 망월사 조실로 주석하다가 81세 홀연히 만행을 떠나기도 했다. 87세에 스님은 화계사에서 문도를 모아두고 "허공의 뼈를 보았느냐? 달 밝은 밤 청산에 나무 한 그루 없으니, 절벽 위에서 손을 놓은 대장부니라. 87년 동안의 삶이 7전 8기로다. 횡설수설함이여, 붉은 화로 위의 한 점의 눈(雪)이로다." 라는 마지막 법어를 내리고 열반했다. 세수 87, 법랍 74세였다.

삼세제불도 역대조사도 다 절룩바리다

잠시 만행 길을 접고 다시 대흥사에서 서옹 큰스님을 조실로 모시고 지옹 스님을 입승으로 동안거를 지냈다.

어느 날 방선 후 서옹 큰스님께서 부르시기에 조실방에서 큰스님을 뵙고 큰절을 세 번 올리니. 말씀하셨다.

"걸레를 갖고 오너라."

"본래 청정해서 한 티끌도 없거늘, 걸레를 가져와서 무얼 하시게요?"

"그럼, 가져 가거라."

"만 산, 만 강물이 동쪽으로 향했습니다."

"날마다, 날마다 해가 동쪽에서 뜨는구나."

큰절 세 번 올리고 물러나왔다.

이튿날 다시 방선 후 서옹 큰스님께서 부르시기에 뵙고 큰절을 세 번 올리니, 물으셨다.

"어떤 것이 본래 그대의 면목인고?"

"절룩절룩절룩입니다."

"어째서 그러한고?"

"삼세 제불도 역대 조사도 다 절룩바리입니다."

"그럼 나는 어떠하냐?"

"큰스님께서는 온전합니다."

"그럼 나는 제불도 조사도 아니란 말이냐?"

"큰스님은 조불조사의 스승이십니다."

큰스님께서 파안미소 하며 물으셨다.

"그럼 필경 너는 무엇이냐?"

"저는 다만 절룩절룩절룩일 뿐입니다."

"필경 절룩절룩절룩 한다는 것은 무엇이냐?"

"해와 달을 쌍으로 띄우고 산과 물을 쌍으로 펼칩니다."

"절룩바리가 만 세상을 굴리는구나."

"풀잎마다 일만 꽃이 반은 붉고 반은 흽니다."

"절룩바리가 만 세상의 꽃이구나."

"큰스님께선 만 세상의 열매이십니다."

큰스님께선 파안미소 하시며 다시 물으셨다.

"선녀는 이미 하늘로 올라가고 우물가에 옷거름만 남아 펄럭인다는 도리를 아느냐?"

"큰스님 발밑에 산호열매를 거두고 계수열매를 뿌립니다."

"이번 동안거에는 꽃눈이 많이 오겠구나."

내가 앉은 채로 큰절을 세 번 올리고 여쭈었다.

"큰스님의 지금 경계는 어떠하십니까?"

"그대에게 팥죽 끓이는 소임을 맡기노라."

"백년 후 큰스님은 어디에 계십니까?"

"자유자재한다."

"어떤 것이 자유자재한 것입니까?"

"그대에게 콩죽 공양을 받겠노라."

"언제나 봉행하겠습니다."

"그대가 백년 후 나를 보는구나."

"지금도 여여하십니다."

"조주 스님은 어찌해서 개에게 불성이 없다 했는고?"

"동풍을 펼쳐 옛 봄을 전하게 하고, 서풍을 거두어 훗 봄을 누리게 합니다."

"어째서 그러한고?"

"올 겨울 흰눈 속에서 대흥사 동백꽃이 더욱 붉습니다."

"그대가 동백꽃이구나."

"큰스님께선 흰 눈이십니다."

큰스님께서는 다시 파안미소 하시며, 흐뭇해 하시었다.

큰스님께 큰절 세 번 올리고 물러나왔다.

큰스님께서는 동안거 동안 매일 빠지지 않고 오전 2시간, 오후 2시간씩 선방에서 대중스님들과 함께 정진하셨다. 큰스님께서 선방 문밖에 오셔서 큰기침 한번 하면 내가 얼른 선방 가운데 출입문을 열고 맞이하고, 또 방선 죽비소리가 나자마자 내가 얼른 선방 가운데 출입문을 열고 선 채로 합장하며 배웅했다. 이 일이 결제 시작 날부터 해제 끝나는 날까지 하루도 빠지지 않고 계속 됐다.

마침 해제 죽비소리가 끝나자 큰스님께서 출입하시는 가운데 문 앞에 내가 문을 열지 않고 턱 버티어 섰다.

큰스님께서 말 없이 오른쪽 손바닥을 펼쳐 보였다.

나는 아니라고 고개를 저었다.

다시 큰스님께서 말 없이 오른쪽 손바닥을 펼쳐 살짝 높이 들어 보였다.

나는 또한 아니라고 고개를 저었다.

다시 큰스님께서 말없이 오른쪽 손가락 하나를 내밀어 나의 발밑을 가리켰다.

나는 맞다고 고개를 바로 끄덕였다. 그리고 얼른 합장을 하며 90일 동안 늘 해왔던대로 가운데 출입문을 활짝 열고 큰스님을 배웅했다.

이 일은 순식간에 일어난 일이라, 대중스님들 아무도 눈치채지 못했다. 돌이켜 보니 나의 수행중 서옹 큰스님과의 제일 아름다운 법열(法悅)이며 추억이다.

사족

서옹 스님의 "걸레를 갖고 오너라."는 말에, 영흥 스님이 "본래 청정해서 한 티끌도 없거늘, 걸레를 가져와서 무얼 하시게요?" 라는 대답은 마치 육조 스님의 '본래무일물(本來無一物)' 게송을 보는 듯하다.

육조혜능 스님은 오조홍인 스님의 문하에 들어가 방아찧는 행자로 지내다가, 당시 수제자로 인정받던 신수 스님의 다음과 같은 게송을 보게 된다.

신시보리수 (身是菩提樹 : 몸은 보리수요)
심여명경대 (心如明鏡臺 : 마음은 밝은 거울이라)
시시근불식 (時時勤拂拭 : 수시로 털고 닦아서)
물사야진애 (勿使惹塵埃 : 먼지가 끼이지 않게 하라).

이 게송의 부족함을 간파한 혜능 스님이 지은 게송이 '본래무일물' 게송이다.

보리본무수 (菩提本無樹 : 보리에 본래 나무가 없고)
명경역비대 (明鏡亦非臺 : 거울 또한 틀이 아니다)
본래무일물 (本來無一物 : 본래 한 물건도 없거니)
하처야진애 (何處惹塵埃 : 어느 곳에 티끌 일어나랴)

신수 스님의 게송을 극적으로 뒤집은 이 게송은 무엇이라고 규정하거나 이름 붙일 수 없고, 생각으로도 헤아릴 수 없는 본래면목을 '본래 한 물건도 없다.'는 말로 표현하고 있다. 청허 스님이 "본래부터 한없이 밝고 신령스러워 일찍이 일어난 바도 없고 멸한 바도 없다"고 한 '이것'은 본래부터 완전하여 부족함이 없고 청정한 것이어서 물들일래야 물들지 않는 것이다. 그러니 한 물건도 없는 공성(空性)을 확실히 요달하면 걸레나 빗자루를 들고 쓸고 닦을 필요가 없음을 깨닫게 된다.

구산 스님 _ 그대가 장가가고 싶은 모양이구나

동안거 해제를 마치고 송광사 구산(九山, 1909~1983) 방장스님을 찾아뵙게 되었다. 행자 때 서울 법련사에서 방장스님을 친견한 후 중이 되어 다시 뵙게 된 것이다.

큰절 세 번 올리고 여쭈었다.

"아름다운 처녀가 방장스님 품에 안기면 어떠하시겠습니까?"

"그대가 장가가고 싶은 모양이구나."

나는 얼른 마음 속으로 방장스님이 이 공안의 본뜻을 모르는구나 하고 조금은 실망한 채 나오려고 일어서면서 냅다 큰소리로 일갈했다.

"시자야!"

순간 구산 방장스님이 전광석화같이 또한 큰소리로 일갈했다.

"호호 삼십 방이로다!"

역시 천리마는 채찍 그림자만 봐도 천리를 달린다더니 역시 방장스님이라 다르시구나 생각하며 큰절 세 번 올리고 물러나왔다. 이후

구산 방장스님께서 더욱 당당하고 활발 자유자재하게 사자후를 토하셨다.

1년 후에 법련사에서 다시 방장스님을 뵙게 되었는데 이 일을 다시 거론했다.

"시자야! 한 후에 어떻게 하는고?"

"'어떤 것이 부처인고?' 하고 처녀의 손으로 처녀의 이마를 한번 치게 하고, '어떤 것이 조사께서 서쪽에서 오신 뜻인고?' 하고 처녀의 손으로 처녀의 손을 번쩍 높이 들어 보이게 하고, '어떤 것이 이 납승의 일인고?' 하고 처녀의 손으로 처녀의 손가락을 내밀어 동쪽 문을 가리키게 하고 '필경 알겠느냐? 내일 시장 바닥에 절룩바리 중의 각설이 타령이 있느니라.' 하겠습니다."

"좋고, 좋고, 좋도다. 그대야말로 인천의 큰 공양을 길이 받을만 하도다."

나는 큰절을 세 번 올리고 물러나왔다.

사족

효봉 스님의 법맥을 이은 구산(九山, 1909~1983) 스님은 한국 선종 중흥에 크게 이바지한 선사다. 해인사 백련암, 동화사 금당선원, 청암사 수도암 등지에서 참구한 구산 스님은 선사로서는 드물게 해외포교와 대중포교에도 지대한 역할을 했을 뿐만 아니라 송광사 중창불사를 이뤄냈다. 1953년 통영 미래사 창건, 56년 조계종 감찰원장, 62년 동화사 주지, 69년 송광사에 조계총림을 개설한 후 초대방장을 맡았다. 73년 불일국제선원을 개원한 이래 79년 미국 L.A 고려사, 82년 스위스 제네바 불승사, 미국카멜 대각사를 개원하는등 해외포교에 진력해 큰 성과를 남겼다. 이와함께 69년 불일회를 창립, 총재에 취임한 후 국내 대중포교와 현대화에도 큰 획을 그었다.

대륜 스님 _ 꽃비 속에 늘 함께 하는가?

그날 선학원에서 하룻밤 묵고 가까운 곳에 있는 법륜사를 들러 태고종 대륜(大輪, 1884~1979) 종정스님을 뵙게 되었다. 도와 덕과 자비가 온 마음, 온 몸에 끝없이 베어 있었다.

대륜 종정스님께 큰절 세 번 올렸더니, 물으셨다.

"절룩바리 큰스님은 어디에서 오셨습니까?"

"절룩바리 큰스님은 절룩바리에서 왔습니다."

"어째서 절룩절룩절룩 하십니까?"

"날마다 날마다 종정스님께 공양 올립니다."

"이승이나 저승이나 영원히 배고픈 줄 모르겠습니다."

"밥 공양 후에 차 공양이 있습니다."

"어떤 것이 밥 공양 후에 차 공양 입니까?"

"강남 강북에도 꽃비가 내립니다."

"꽃비 속에 늘 함께 하실 수 있습니까?"

"어디에 있든 무엇을 하든 늘 함께합니다."

"이곳에서 나랑 함께 사실 수도 있겠습니까?"

"지금은 만행중입니다."

함께 법륜사에서 살기를 바라는 대륜 종정스님께 다음 생을 기약하며 큰절을 세 번 올리고 물러나왔다.

석주 스님 _ 그대가 남산 호랑이 아가리에 앉았구나

법륜사에서 나와 석주(昔珠, 1909~2004) 큰스님이 주석하고 계시는 칠보사로 향했다. 칠보사 뜨락 큰 느티나무 아래 의자에서 석주 큰스님을 친견하게 되었다. 선 채로 큰절 세 번 올리고는 여쭈었다.

"부처란 무엇입니까?"

"깨끗한 마음이 부처다."

"어떤 것이 깨끗한 마음입니까?"

석주 큰스님께서 말없이 한참이나 고개를 옆으로 돌리시다가 되돌리며 나에게 되물었다.

"부처란 무엇인고?"

"큰스님 눈썹 털 속에 한강이 흐릅니다."

"그대가 남산 호랑이 아가리에 앉았구나."

"이빨마다 금강산 일만 이천 봉입니다."

"나에게 금강산 일만 이천 봉을 구경시켜 줄 수 있는고?"

"큰스님께서는 이미 봉우리 마다 팔만 사천 암자를 짓고 홍대로

누리고 계십니다."

"어째서 그러하냐?"

"서울 장안이 항상 큰스님 밥그릇 속에 있습니다."

"내 주머니 속에 그대의 노자(路資)돈도 있겠구나."

"많이 주실 수록 천하가 태평합니다."

석주 큰스님과 서로 마주보며 한바탕 크게 웃었다.

다시 선 채로 큰절 세 번 올리고 노자도 많이 타서 물러 나왔다.

운허 스님 _ 법화경의 골수

어느 비오는 날 봉선사 운허(耘虛, 1892~1980) 대강백 스님을 뵙게 되었다. 마침 산림법회에 법화경을 설하신 후 처소에서 잠시 쉬고 계셨다.

큰절을 세 번 올리니 물으셨다.

"수좌 스님은 어디서 오는고?"

"비속에서 왔습니다."

"어떻게 오셨는고?"

"비 소리를 타고 왔습니다."

"무엇하러 왔는고?"

"어떤 것이 법화경의 골수(骨髓)입니까?"

"한 마음이 맑고 깨끗하면 곳곳마다 연꽃 세상이니라."

"어떤 것이 한마음입니까?"

운허 대강백 스님께서 머뭇머뭇 하시기에 내가 얼른 되돌려서 다시 물었다.

"문밖에 비 소리를 듣습니까?"

"듣는다."

"듣는 것이 무엇입니까?"

"그대가 비구나."

"큰스님께서 항상 법화경을 설하고 법화경을 누립니다."

"선객은 역시 다르구나."

큰절 세 번 올리고 물러나왔다.

사족

『벽암록』에서 밝히고 있는 깨달음의 기연인 색성오도(色聲悟道)에 견색명심(見色明心 : 사물을 보고 마음을 밝힌다)과 문성오도(聞聲悟道 : 자연의 소리로 본성을 깨친다)라는 말이 있다.

영흥 스님의 "문밖의 빗소리를 듣는 것이 무엇입니까?" 라는 질문은 '문성오도' 하는 당처를 묻는 질문이다. 이에 운허 스님은 "그대가 비구나." 라고 답을 하고 있다. 빗소리를 듣는 놈이 따로 있는 것이 아니라. '들음 자체가 그것' 임을 암시하는 것이다.

'문성오도' 의 도리는 『능엄경』에서 열거하는 25가지 수행법 중의 하나인 이근원통(耳根圓通) 즉 일명 '관음법문(觀音法門)' 과 연관이 있다. 이근원통 수행은 처음에는 소리에 집중(觀)하는 단계에서, 다음에는 '듣는 놈을 되돌리는[反聞聞性]' 수행단계로 접어들기 때문이다.

실제로 선사들 가운데는 이근으로 소리를 듣고 곧바로 돈오하는 경우가 적지 않았다. 백장 선사 문하에서 어떤 승려가 종소리를 듣고 깨우쳤는데, 백장 선사는 "뛰어나도다. 이것은 관세음보살의 입도(入道)하는 방법이다."라고 말하였다. 또 향엄 선사는 대나무가 부딪히는 소리에 견성했고, 원오 선사는 닭이 날개 치는 소리를 듣고 깨달았다. 조선시대의 서산 대사가 대낮에 닭 우는 소리를 듣고 오도했다는 것도 같은 맥락에 속한다.

이근원통의 마지막 단계인 반문문성(反聞聞性), 즉 '듣는 성품 자체를 다시 되돌려 듣는다'는 것은 "소리를 듣는 놈이 누구인가?"라는 화두에 대한 답을 자각하도록 하는 수행법인 것이다.

관웅 스님 _ 어떤 것이 꽃공양인고?

어느 날 안양암에서 관응(觀應, 1910~2004) 대강백 스님을 친견하게 되었다.

큰절 세 번 올리니 물으셨다.

"어디서 오는고?"

"붉고 흰 꽃에서 왔습니다."

"무엇하려 오셨는고?"

"큰스님께 꽃공양 올리려 왔습니다."

"어떤 것이 꽃공양인고?"

"달고 쓰고 시고 짭니다."

"시시때때로 꽃공양이구나."

"큰스님께서 항상 꽃공양을 누립니다."

"고맙고, 고맙고, 고맙구나."

관응 대강백 스님께 큰절 세 번 올리고 물러나왔다.

사족

천축사 무문관의 6년 면벽수행을 마친 선승이자 당대 최고의 강백으로 존경받은 관응(觀應, 1910~2004) 스님은 동화사 금당선원 조실, 직지사 천불선원 조실, 조계종 명예원로의원으로 후학들을 제접하다 2004년 세수 94세, 법랍 75세로 입적했다. 선(禪)과 교(教)를 겸비한 스님은 근대 한국불교 유식학의 기원을 연 대강백이었다. 또한 세속인연으로는 조계종 전국비구니회 회장이자 청도 운문사 승가대학장 명성 스님의 부친으로도 잘 알려져 있다. 1910년 경북 상주에서 태어난 스님은 29년 상주 남장사에서 탄옹 스님을 은사로 출가했다. 용주사, 직지사, 조계사 주지를 지냈으며 1994년 조계종 명예원로로 추대되었다.

지난 56년 직지사 조실을 맡은 이래 50년 가까이 직지사의 큰어른으로 주석해왔다. 65년 도봉산 천축사 무문관에서 6년 결사를 마친 스님은 선교쌍수(禪教雙修)의 전형을 보여준 수행자였다.

평소 "부처님의 가르침이 둘일 수 없듯이 참선과 간경은 본디 하나"라며 후학들에게 선과 교를 겸수할 것을 강조했다.

고송 스님 _
오늘에야 금사자를 만났구나

어느 날 파계사에서 고송(古松, 1906~2003) 큰스님을 친견하게 되었다.

큰스님께 큰절 세 번 올리니 물으셨다.

"수좌는 어디서 왔는고?"

"앞산 봉우리 위에서 왔습니다."

"경치가 어떠하던고?"

"풀잎마다 우담바라입니다."

"나에게 우담바라 한 송이를 보여줄 수 있는고?"

내가 문득 손바닥을 활짝 펴 보였다.

"다시 보여다오."

내가 이번엔 손바닥을 활짝 높이 들어 보였다.

"다시 보여다오."

내가 이번엔 손가락을 내밀어 고송 큰스님께서 앉은 방석을 가리키니 큰스님께서 빙그레 웃으시며 말했다.

"내가 오늘에야 금사자(金獅子)를 만났구나."

"큰스님의 법체(法體) 오래 오래 오래 만고광명(萬古光明) 하옵소서."

큰절 세 번 올리고 물러나왔다.

사족

1906년 경북 영천 출생인 고송 스님은 1920년 팔공산 파계사에서 상운 스님을 은사로 출가, 23년 용성스님을 계사로 비구계를 받았다. 조계종 감찰원장, 파계사 주지를 역임했으며, 2003년 입적 때까지 파계사 조실로 주석했다.

19세에 통도사 선방에서 정진을 시작, 25세 되던 1930년부터 15년동안 금강산 마하연과 유점사, 신계사를 거쳐 묘향산 보현사에서 선지식들과 수행정진한 전형적인 선승이었다. 망월사 30년 결사에도 동참했으며 일제 강점기 때 불교잡지를 만들던 만해 스님을 돕기도 한 스님은 평소 "인생은 호흡지간(呼吸之間)이며 '바람속의 등불' 임을 자각하고 양심을 지키며 마음에 부끄럽지 않게 살아야 한다."고 가르쳤다.

2003년 9월 22일 세납 97, 법납 83세로 입적했다.

지효 스님 _ 손바닥을 활짝 펴 보이니

어느 하안거 만행 중 범어사 지효(1909~1989) 조실스님을 뵙게 되었다. 당시 큰스님은 선원에서 홀로 묵언정진 중이었다.

큰절 올리기도 전에 보자마자, 조실스님께서 손바닥을 활짝 펴 보였다.

순간 내가 손가락을 내밀어 조실스님의 활짝 편 손가락을 가리키니,

지효 조실스님은 웃음 눈물을 흘리면서 나의 두 손을 덥석 잡고 흔들며 한참이나 놓아주지 않았다.

이신전심하고 큰절 세 번 올리고 나왔다.

사족

지효(1909~1989) 스님은 용성, 동산, 동헌 스님의 뒤를 이어 범어사의 선 수행가풍을 이은 현대의 대표적 강백이자 선승이었다. 조계종 총무원 총무부장과 재무부장의 소임을 맡아 종단의 안정에도 혼신을 다했던 스님은 종단이 제 모습을 갖춰가자 다시 본분사

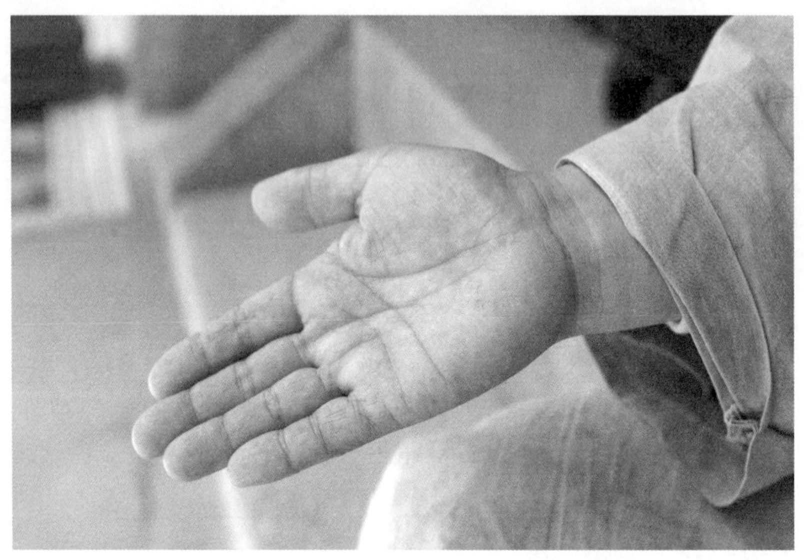

로 돌아갈 것을 결심하고 천축사 무문관에 들어 6년간 수행에 전념했다. 특히 스님은 무문관을 나온 후 후학들을 양성하는데 매진했다. 스님은 학인들에게 "선이란 불성의 본체에 대한 돈오적인 자기 주체화이므로 이론으로 따져서 알려고 하는 것은 참된 선이 아니다."라며 "오직 실천궁행(實踐躬行)만이 해탈로 나가는 길"이라고 강조했다. 스님은 1978년 조계종 원로의원으로 선출된 뒤 79년, 70을 넘긴 고령임에도 동화사, 해인사 등에서 유나를 역임하고 범어사에서 5번이나 주지 소임을 맡는 등 수행과 포교에 있어 누구보다 앞장섰다. 스님은 1989년 9월 28일 범어사에서 세수 81세, 법랍 47세로 입적했다.

벽초 스님 _ 깨달은 경지를 당장 내놓아 봐라

어느 해 수덕사 위 정혜사에서 동안거를 지내게 되었다. 선방에 대중이라고는 나 혼자 뿐이었다. 기라성 같은 큰스님들이 구름떼처럼 운집했던 정혜사의 여러 수좌스님들이 지금은 다들 어느 곳에 안주하며 안심입명하고 또 정진하고 계실런지, 차마 이곳은 적막할 뿐이었다. 세월 따라, 법연(法緣) 따라. 불법도 흥하고 쇠하는가. 무상했지만 그래도 온화하고 평안했다. 인연법이 세월 따라 흥하고 쇠해도 불법 그 자체야 세월에 관계 없이 더하고 덜함도 없이 항상 여여부동(如如不動)일 것이다.

함박눈이 펑펑펑 쏟아지는 날 벽초(碧超, 1899~1986) 방장스님과 차를 마시게 되었다. 벽초 방장스님이 말씀하셨다.

“예전에 이곳에서 보월 스님이 도를 깨쳤다며 오도송을 지어가지고 만공 조실스님께 바쳤는데, 만공 스님께서 오도송을 적은 종이를 한 손으로 받고 또 한 손으로는 손바닥을 내밀어 그대 깨달은 경지를 당장 내놓아 보라는 듯 펼쳐 보이니, 보월 스님은 순간 캄캄해서

아무 말도 못하고 되돌아갔는데, 지금 그대라면 어떻게 하겠는고?"

"그럼 방장 스님께서 그때 만공 조실스님처럼 손바닥을 활짝 펴 보여 주십시오."

벽초 방장스님께서 얼른 한 손은 나의 옷자락을 잡고 한 손으로는 손바닥을 활짝 펴 내밀었다.

내가 웃으며 얼른 오른쪽 가운데 손가락을 내밀어 벽초 방장스님의 활짝 핀 손바닥 가운데를 가리키니, 벽초 방장스님께서 활짝 폈던 손바닥을 거두어 움켜 잡으면서 말씀하셨다.

"만 명의 군사는 얻기 쉬워도 한 명의 장수는 얻기 어렵다더니, 오늘 대선지식을 만났구나."

방장스님은 어린아이처럼 천진무구하게 좋아하시며 다시 물었다.

"어떤 수좌가 만공 조실스님께 편지로 묻기를 '떡 파는 노파가 덕산 스님께 묻기를 『금강경』에 과거의 마음도 얻을 수 없고, 현재의 마음도 얻을 수 없고, 미래의 마음도 얻을 수 없다 했는데, 스님은 어느 마음에 떡을 먹으려 하십니까?' 하니 덕산 스님은 아무 말도 못하고 점심도 굶은 채 돌아갔다 하는데, 그 당시 만공 조실스님이라면 어떻게 하시겠습니까? 하니 만공 조실스님께서 편지에 대답하시길 '위음왕불(威音王佛 : 최초의 부처님) 이전에 점심을 다 먹어 마쳤느니라.' 했는데, 이 편지 부치기 전 이 편지 내용을 본 법제자 보월 스님이 이 편지를 다 찢어버리고 나가버렸다. 만공 조실스님께서 무슨 허물이 있는가 싶어 1주일 동안 물 한 모금 마시지도 않고 용맹정진 끝에 '보월아! 보월아! 보월아! 내가 너에게 10년 먹을 양식을 얻었구나.' 하셨다 수좌는 이 일을 어떻게 생각하는고?"

"그럼 방장스님께서 떡 파는 노파처럼 물어 주십시오?"

"『금강경』에 과거의 마음도 얻을 수 없고, 현재의 마음도 얻을 수 없고, 미래의 마음도 얻을 수 없다 했는데, 수좌는 어느 마음에 떡을 먹을 것인고?"

"떡!"

벽초 방장님께서 무릎을 탁 치면서 말씀하셨다.

"참으로 좋고 좋고 좋도다. 그때 만공 조실스님께 이 대답을 들었다면 수좌에게 만년 먹을 양식을 얻었다 했을 것이다."

벽초 방장스님께서 앉은 채로 덩실덩실덩실 춤을 추셨다.

나도 앉은 채로 덩실덩실덩실 춤을 추었다. 그날따라 펑펑펑 쏟아지는 정혜사 뜨락에 함박눈도 덩실덩실덩실 춤을 추는 것 같았다.

월산 스님 _ 금닭을 울게 하고 진흙소를 북치게 한다

세월은 또한 흘러 어느 날 하안거 해제 만행 길에 불국사 객실에 막 닿자마자 불국사 월산(月山, 1912~1997) 조실스님께서 어떻게 아셨는지, 주장자를 쩌렁쩌렁쩌렁 울리며 찾아와서 "조실방 염화실로 오라."고 하곤 가셨다. 행자 때 백운암에서 뵌 후 중이 되어 다시 뵙게 된 것이다. 조실스님 명령이라 꼼짝없이 가사를 수하고 큰절을 세 번 올리니 말씀하셨다.

"그대는 밤에 잠 자다가 새벽에 일어나서 제일 처음 무슨 일을 하는고?"

"고래는 바다로 보내고, 사자는 잣나무 골로 보냅니다."

"훌륭하구나."

"조실스님께서는 밤에 주무시다가 새벽에 일어나서 무슨 일을 제일 처음 하십니까?"

"금닭을 울게 하고 진흙소를 북치게 한다."

"희유하십니다."

"낮을 지내고 밤에 잠든 후에 무슨 일을 하는고?"

"만산 만달을 조실스님께 맡깁니다."

"대단하구나."

"조실스님께서는 낮을 지내고 밤에 잠든 후에 무슨 일을 합니까?"

"만산 만달을 그대에게 맡긴다."

"풀잎마다 만산 만달입니다."

순간 월산 조실스님께서 통쾌하게 한바탕 웃으셨다.

나도 덩달아 통쾌하게 한바탕 웃었다. 그리고 큰절 세 번 올리고 물러나왔다.

그날 저녁 예불시간 전이었다. 불국사 대웅전 앞뜨락 석가탑, 다보탑을 월산 조실스님께서 주장자를 쩌렁쩌렁쩌렁 울리면서 돌고 있었다.

나도 뒤따라 절룩절룩절룩 하며 돌았다. 석가탑, 다보탑을 중심으로 원으로 돌다 보니 내가 월산 스님을 뒤따른 것이 월산 조실스님이 나를 뒤따르고 서로 앞과 뒤를 구별 없이 돌고 있는데, 월산 조실스님이 갑자기 걸음을 멈추며 뒤돌아서서 나를 보며 주장자를 땅에 한 번 쿵 쩌러렁 구르시고 물었다.

"절룩바리 수좌?"

"예?"

"그대는 언제부터 절룩절룩절룩 하는고?"

내가 석가탑 가운데 떡 버티고 앉아 있는 돌사자를 가리키며 말했다.

"저 돌사자에게 물어 보십시오?"

월산 조실스님께서 문득 돌사자를 향해서 물었다.

"수좌는 어찌해서 절룩절룩절룩 하는고?"

내가 돌사자를 대신해서 말했다.

"눈먼 나귀가 해와 달을 토합니다."

"언제쯤 절룩절룩절룩 하는 것을 멈출 것인고?"

"맵새가 학을 타고 이승과 저승을 자유자재로 날아다닐 때입니다."

"천생연분이구나."

월산 조실스님도 나도 하하하 하고 한바탕 통쾌하게 웃었다.

다음날 새벽 월산 조실스님께서 미리 새벽예불을 마치고 돌아오시는 길이었고, 나는 예불을 하러가는 도중에 서로 마주쳤다. 내가 절룩절룩절룩 더 심한 시늉을 하니 월산 조실스님께서 합장을 하며 머리도 숙이고 허리도 숙이면서,

"예, 예, 예."

하며 하인이 주인을 대하듯 뒤로 물러서며 무서워 쩔쩔쩔 매는 시

늪을 했다.

나는 얼른 절룩절룩절룩임을 멈추고 월산 조실스님께 선 채로 큰 절 세 번 올리면서 말했다.

"만 산 만 달이 풀잎마다 돌멩이마다 가득하니, 풀잎마다 돌멩이마다 만산 만달을 가득 토합니다."

월산 조실스님께서 합장을 하며 빙그레 웃으시면서 말했다.

"그대가 만 산, 만 달이니 천하가 항상 밝고 그대가 만 풀잎, 만 돌멩이니 천하가 항상 풍년이구나."

나는 다시 선 채로 월산 조실스님께 큰절 세 번 올리고 대웅전으로 행했다.

또한 그날 석굴암 대중방에서 월산 조실스님과 석굴암 여러 대중스님과 객승 몇 분과 객승인 나도 함께 막 점심공양 후 다과를 하며 이런저런 격의 없는 이야기를 나누고 있었는데, 문득 월산 조실스님께서 나에게 물었다.

"그대 은사님은 누군고?"

"무명승(無名僧)입니다."

순간 월산 조실스님도 석굴암 여러 대중 스님도 몇 분 객승스님들도 객승인 나도 동시에 하하하하하! 하고 한바탕 격의 없는 웃음바다를 이루었다.

사족

월산 스님이 영흥 스님의 은사가 서옹 스님임을 잘 알면서도 "그대 은사님은 누군고?" 하고 질문한 것은 하나의 공안이다. 그대가 부모로부터 태어나기 이전 '본래의 스승[본래의 얼굴]', '본래의 부모'가 무엇인가를 질문한 것이다. 그러니 영흥 스님은 "무명승(無名僧)입니다." 라고 대답할 수 밖에 없었다. 뭐라고 이름을 붙이자면 불성, 무위진인, 자성이라고 말할 수 있겠지만, 그것은 어디까지나 이름 붙일 수 없는 '거시기'를 임시로 부르는 가명일 뿐이다.

경봉 스님 _ 일체 모든 경계를 여의고 일러보아라

다음날 중이 된 후 통도사 극락암에 다시 와서 객실에 바랑(背囊)을 풀고 있는데 경봉(鏡峰, 1892~1982) 큰스님 시자가 차를 갖고 와서

"큰스님께서 보내서 왔습니다."

하기에, 서로 인사를 나누고 차를 마신 후 가사를 수하고 큰스님을 뵙고 큰절 세 번 올리면서 여쭈었다.

"큰스님의 요즈음 경계는 어떠하십니까?"

"이렇다."

"큰스님의 백 년 전 경계는 어떠하십니까?"

"이렇다."

"큰스님의 백 년 후 경계는 어떠하십니까?"

"이렇다."

"이렇다는 말씀은 여의고 한 말씀 해주십시오?"

"이렇다."

"필경 어떤 것이 이렇다는 것입니까?"

"이렇다. 알겠느냐?"

"아침에는 차를 마시며 붉고 흰 꽃 가리키고, 저녁에는 향을 사르며 산호열매, 계수열매 뿌립니다."

"그대가 참으로 이러함을 누리고 있구나."

"큰스님의 자비광명이십니다."

"그대의 요즘 경계는 어떠한고?"

"봄에는 봄 꽃으로 꽃 피우게 하고 가을에는 가을 열매 거두게 합니다."

"그대의 백 년 전 경계는 어떠한고?"

"여름에는 콩국수를 먹게 하고 겨울에는 팥죽을 먹게 합니다."

"그대의 백 년 후 경계는 어떠한고?"

"천하를 천하에 맡기고 천하를 마음대로 행합니다."

"일체 모든 경계를 여의고 일러보아라."

"콩떡으로 해와 달을 굴리고 팥떡으로 사바와 극락을 즐깁니다."

"좋고 좋고 좋구나. 이로부터 그대가 천하를 태평케 하는구나."

경봉 큰스님께서 문득 자리에 누우면서 눈을 지그시 감고 조용히 잠자는 듯 했다.

내가 문득 큰절을 세 번 올렸다.

큰스님께서 다시 문득 일어나며 웃으면서 말씀하셨다.

"그대의 일은 옳고 옳으나, 그대의 시절은 늦게 스스로 펼칠 것이

다."

나는 다시 큰스님께 큰절을 세 번 올리고 물러나왔다.

사족

1907년 6월 성해 스님을 은사로 출가한 경봉(鏡峰, 1892~1982) 스님은 통도사 불교전문강원에 입학해, 경전연구에 몰두했다. 어느 날 스님은 "종일토록 남의 보배를 세어도 반 푼 어치의 이익이 없다."는 구절에 충격을 받고, 마음 속 의문을 해결하기 위해 참선에 몰두하게 된다.

해인사 퇴설당 안거를 시작으로 금강산 마하연, 석왕사 등 이름난 선방을 찾아다니던 스님은 통도사 극락암으로 자리를 옮겨 장좌불와 등 정진을 계속했다.

마침내 1927년 11월 20일 새벽에 방안의 촛불이 출렁이는 것을 보고 크게 깨달았다. 1930년 통도사 불교전문강원 원장으로 취임한 이후 50년을 한결같이 중생교화의 선구적 소임을 다하였다. 1941년에는 조선불교선리참구원 이사장, 1949년 통도사 주지 등을 역임한 뒤, 1953년 통도사 극락호국선원 조실로 추대되어 입적하던 날까지 이곳에서 설법과 선문답으로 선객들을 지도했다.

향곡 스님 _ 밀짚모자를 벗어 높이 들어 보이다

어느 해 하안거 해제 만행길에 동화사 대웅전 법당 앞뜨락에서 불현듯 향곡(香谷, 1912~1978) 조실스님을 중이 된 후 다시 뵙게 되었다. 서로 보자마자 내가 쓴 밀짚모자를 높이 들어보이니, 향곡 조실스님께서 선채로 합장을 했다.

내가 얼른 선 채로 큰절을 세 번 올리니, 향곡 조실스님께서 큰소리로

"어허!"

하시기에, 내가 발로 땅바닥을 한번 쿵! 하고 굴리니

향곡 조실스님께서 당신이 쓴 밀짚모자를 벗어 높이 들어 보이셨다.

내가 선채로 다시 큰절을 세 번 올리며 여쭈었다.

"조실스님께서는 항상 법체 강건 하십니까?"

"그대는 어떠한고?"

"걸음마다 붉고 흰 꽃 낭자합니다."

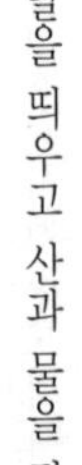

"나도 그렇다."

"집집마다 산호열매 계수열매 무진장입니다."

"나도 그렇다."

"콩국수로 이승과 저승을 열고 수제비로 사바와 극락을 즐깁니다."

"나도 그렇다."

"고기는 물로 보내고 새는 숲속으로 보냅니다."

"나도 그렇다."

내가 다시 향곡 조실스님께 선채로 큰절 세 번 올리고 물러섰다.

사족

향곡(香谷, 1912~1978) 스님은 경북 영일에서 태어나 1928년 내원사에서 득도했다. 32년 범어사 금강계단에서 운봉 화상을 전계사로 구족계를 받고, 이후 수행정진하던 중 문짝을 흔드는 바람소리에 개오(開悟), 운봉 선사로부터 인가를 받았다. 1978년, 법랍 50세로 열반했다.

월하 스님 _ 만 바다가 한맛(一味)이구나

다음날 통도사 보광전에서 통도사 월하(月下, 1915~2003) 방장스님을 친견했다.

큰절 세 번 올리고 여쭈었다.

"공부란 진정 어떤 것입니까?"

"만 강물이 한 바다로구나."

"어떻게 하면 공부를 잘 할 수 있습니까?"

"만 바다가 한맛(一味)이구나."

"어떤 것이 공부를 다 마친 것 입니까?"

"바닷물이 짜구나."

"공부를 다 마친 후 무엇을 합니까?"

"만 바다를 즐기구나."

"방장스님께만 바다를 맡깁니다."

"그대 공부는 어떠한고?"

"동풍에 떡 보내고 서풍에 차 보냅니다."

"그대가 천하를 태평케 하는구나."

"방장스님의 자비감로이십니다."

나는 월하 방장스님께 다시 큰절 세 번 올리고 물러나왔다.

사족

월하(月下, 1915~2003) 스님은 1933년 18세에 출가해 득도한 뒤 계율과 수행을 평생 실천했다. 경봉 스님과 구하 스님의 유지를 이어받은 스님은 불제자의 기본 도리를 철저히 지키며 엄격한 수행 생활을 실천해 존경을 받아왔다.

종단 발전에도 관심이 커서 스님은 조계종 총무원장 등 종단의 요직을 두루 거쳐 지난 1994년 종정에 추대됐다. 2003년 12월 4일 세수 89세로 입적한 스님은 "가고 머뭄을 논하지 말라. 곳곳이 나의 집이라."는 열반송을 남겼다.

고암 스님 _ 어떤 것이 보살 중의 보살인고?

다음날 부산 미타원에서 고암(古庵, 1899~1988) 큰스님을 뵙게 되었다.

큰절 세 번 올리니 큰스님께서 자비롭게 웃으시면서 말씀하셨다.

"그대는 누군고?"

"절룩바리입니다."

"무엇 때문에 왔는고?"

"콩떡 팥떡을 먹으러 왔습니다."

"떡값은 가져왔느냐?"

"큰스님 속주머니 속에 있습니다."

"그대의 속주머니 속 것을 내놓아 보아라?"

"하!"

"좋은 값이구나."

마침 시자가 다과를 가지고 왔다. 큰스님께서 다과를 권하기에 함께 먹었다. 다과를 먹으면서 큰스님께서 말씀하셨다.

"요즘 비구들은 계율을 잘 지키지 않아서 걱정이다."

"어떤 것이 비구계 1구입니까?"

"정진이다."

"어떤 것이 참 정진입니까?"

"동창에 달이 밝느니라."

"서창에도 달이 밝습니다."

"그대가 잘 봉행하고 있구나."

내가 앉은 채로 큰절을 세 번 올렸다. 계속 다과를 함께 먹으면서 고암 큰스님께서 물으셨다.

"어떤 것이 비구 중의 비구인고?"

"큰스님과 제가 마주 앉아 있습니다."

"어떤 것이 보살 중의 보살인고?"

"큰스님과 제가 마주 떡을 먹고 있습니다."

"어떤 것이 조사 중의 조사인고?"

"큰스님과 제가 마주 앉아 차 마시고 있습니다."

"어떤 것이 부처 중에 부처인고?"

"큰스님과 제가 마주 앉아 이야기 하고 있습니다."

"필경 어째서 그러한고?"

"언제나 서로서로 다르지 않습니다."

"그렇다. 나도 그렇고, 그대도 그렇다."

어느 사이 다과도 다 먹고, 큰스님께 다시 큰절 세 번 올리고 물러나왔다.

사족

고암(古庵, 1899~1988) 스님은 혜월, 만공, 용성, 한암 스님 등 대선사의 회상에서 25 하안거를 성만한 후 38년 용성스님에게 전법게를 받았다. 1967년 조계종 3대 종정에 추대됐으며 1970년 해인총림 2대 방장, 72년 4대 종정, 78년 6대 종정, 80년 용성문장에 취임했다. 88년 10월 25일 가야산 해인사 용탑선원에서 세수 90, 법랍71세로 입적했다.

자비보살의 무소유를 실천한 것으로 유명한 스님은 소박하고 아름답게 자신의 삶을 행동으로 실천해 보였다. 재물이나 명예가 수행자에게 병이 될 수 있다고 생각한 스님은 자신에게 올려진 공양을 필요한 사람들에게 모두 나눠주는 등 평생 무욕청정하게 살았다.

서암 스님 _
온 세상의 주인

어느 해 문경 봉암사에서 서암(西庵, 1918~2003) 조실스님을 모시고 하안거를 지내게 됐다. 어느 날 선원 뜨락에서 서암 조실스님이 절룩거리는 내 다리를 안쓰러워 하시며 물으셨다.

"수좌는 무엇 때문에 절룩절룩절룩 하는고?"

"이승도 저승도 해와 달입니다."

"수좌는 언제부터 절룩절룩절룩 하는고?"

"사바도 극락도 산과 물입니다."

"수좌는 언제면 절룩절룩절룩임을 멈출 것인고?"

"중생도 부처도 붉고 흰 꽃입니다."

"좋은 절룩바리구나."

내가 한 다리로 땅을 한번 '쿵!' 굴리고는 절룩절룩절룩 한 바퀴 원을 그리며 도니, 조실스님께서 다시 물으셨다.

"언제면 일체중생이 다 성불할 때인고?"

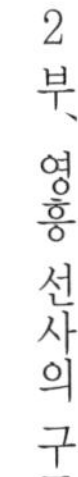

봉암사에서 수좌스님들과 함께. 맨앞이 서암 스님

"조실스님께서 거꾸로 걸어갈 때입니다."
"어떤 것이 거꾸로 걸어감인고?"
"산은 높고 물은 깊습니다."
"좋은 산이요, 좋은 물이구나."

내가 선 채로 큰절 세 번 올리고 조실스님께 다시 여쭙기를
"조실스님께서는 어떻게 공부를 합니까?"
"나는 화두를 놓고 지낸다."
"어떤 것이 화두를 놓고 지내는 것입니까?"
"목 마르면 물 마시고 피곤하면 쉰다."
"희유하고 희유하고 희유하십니다."
"수좌는 어떻게 공부를 하는고?"
"저는 화두를 들고 지냅니다."
"어떤 것이 화두를 들고 지냄인고?"
"동풍으로 찰떡을 사서 온 천하를 배불립니다."
"좋은 동풍이요, 좋은 찰떡이구나."
"불법의 궁극적 목표는 무엇입니까?"
"손녀와 할머니가 함께 노래한다."
"필경 궁극적 목표는 무엇입니까?"
"대대손손 함께 춤추고 노래한다."
"조실스님의 본면목은 무엇입니까?"

"소 몰고 밭갈이 하며 씨를 뿌린다."

"희유하고 희유하고 희유합니다."

"수좌의 불법의 궁극적 목표는 무엇인고?"

"콩떡으로 해와 달을 누립니다."

"수좌의 참선의 궁극적 목표는 무엇인고?"

"팥떡으로 산과 물을 누립니다."

"수좌의 필경 궁극적 목표는 무엇인고?"

"쑥국으로 이승과 저승을 누립니다."

"수좌의 본면목은 무엇인고?"

"쑥밥으로 사바와 극락을 누립니다."

"좋은 공양주요, 좋은 밥상이구나."

"온 세상이 언제나 먹습니다."

"나도 먹을 수 있는고?"

"조실스님은 봉암사의 주인이십니다."

"수좌는 온 세상의 주인이다."

"풀잎도 주인이요, 돌멩이도 주인입니다."

"훗날 수좌가 이 봉암사의 주인이 되어라."

"온 대중이 다 주인입니다."

"그래, 그래. 수좌의 말이 옳도다. 이제부터 난 두 다리 활짝 뻗게 되었구나."

"오래오래 이 봉암사의 주인으로 사소서."

"오래오래 이 봉암사의 머슴으로 살 것이니, 수좌는 오래오래 이 봉암사의 공양주로 살아라."

"네, 네, 네."

나는 큰절 세 번 올리고 물러섰다.

사족

조계종 제8대 종정을 역임한 서암(西庵, 1918~ 2003) 스님은 경북 영주 출생으로 1935년 예천 서악사에서 화산 스님을 은사로 출가했다. 문경 봉암사 조실, 조계종 총무원장, 원로회의 의장을 역임했다. 오랫동안 문경 봉암사 조실로 주석한 스님은 평소 "부처는 바로 자기 마음(佛卽心)"이라며 "마음의 근본을 알고 평상심으로 살라."는 가르침을 내렸다.

극락에 온 신호 소리

며칠 후 극락암 조실 경봉(鏡峰, 1892~1982) 큰스님의 열반 소식이 전해졌다. 서암 조실스님을 모시고 온 대중이 문상을 갔다. 극락암 일주문을 들어설 때 내가 큰 소리로

"아이고! 아이고! 아이고!"

하고 곡을 하니, 그때 한 비구니 스님이 합장을 하며 나타나더니

"수많은 대중이 문상을 왔는데 오늘 처음 곡소리를 듣습니다." 하기에

"아미타부처님을 친견했습니까?"

하니 아무 말이 없었다.

경봉 큰스님 영전에 서암 조실스님과 온 대중이 큰절을 세 번 올리는데, 내가 다시 큰소리로

"아이고! 아이고! 아이고!"

곡을 하니, 온 도량이 숨소리 하나 없이 고요하고 적멸했다.

문상을 마친 후에 한 수좌스님이 내게 와서 물었다.

"아이고! 아이고! 아이고! 한 뜻이 무엇입니까?"

"딴 뜻이 없습니다. 다만 경봉 큰스님께 올리는 예(禮) 일뿐입니다."

다시 한 수좌스님이 내게 와서 물었다.

"아이고! 아이고! 아이고! 한 뜻이 무엇입니까?"

"극락에 온 신호 소리입니다."

순간 그 수좌스님이 어떤 깨침이 있었는지 합장을 하고 감격해 하며

"아! 시원합니다. 시원합니다. 참으로 시원합니다."

하고 소리치면서, 진실로 고마워하며 물러갔다.

봉암사 탑전 앞에서 함께 공부하던 또 한 수좌스님이 나에게 물었다.

"삼소굴에서 열반하신 경봉 큰스님의 시신을 모신 관을 뵙게 됐는데, 이상한 향기가 진동했습니다. 스님이라면 바로 어찌하겠습니까?"

"경봉 노사여, 경봉 노사여, 경봉 노사여!

살았습니까? 죽었습니까?

살았다 해도 30 방망이요,

죽었다 해도 30 방망이입니다.

어찌해서 그러합니까?

9 × 9 = 82입니다.

필경 아십니까?

이승에도 저승에도 붉고 흰 꽃이 낭자합니다.

삶과 죽음을 동시에 흥대로 자유자재로 누리소서.

하!"

"아! 시원하고 시원합니다. 봉암사 계곡 옥단수에 온 마음, 온 몸 송두리째 잠기듯 시원하고 시원하고 시원합니다."

수좌스님이 내게 선 채로 거듭거듭 거듭거듭 합장하고 절하며 진심으로 고마워했다.

다음날 봉암사에 돌아와서 서암 조실스님께서 찾기에 뵈오니 물으셨다. "수좌가 극락암 경봉 큰스님 영전에 아이고! 아이고! 아이고! 곡을 했는데 무슨 도리인고?"

"풀잎마다 우담바라 꽃 피게 하고 돌멩이 마다 마니보주 토하게 합니다."

"경봉 큰스님께서 춤추며 노래하며 다시 이 땅에 오시겠구나."

"지금은 서암 조실스님 눈썹털 속에 앉아 계십니다."

"만고에 극락이구나."

서암 조실스님께 큰절 세 번 올리고 물러나왔다.

이후로 서암 조실스님의 큰 법문이 더욱 당당하고 분명하고 우렁차고 여유있고 온화하고 넉넉하고 활발하고 아무 꾸밈이 없었다.

견처(見處)와 견행(見行)이 일치하는가

음력 10월 10일은 서옹 큰스님의 생신이시다. 큰스님은 70세가 넘도록 한 번도 생신상을 받은 일이 없었다. 출가해서 은사님은 세간에 부모님과 같은 분이다. 여러 해 동안 뵙지 못한 죄스러움에 이번 생신날 문안 인사라도 올려야겠다고 1988년 음력 10월 9일날 백양사를 찾아갔다.

그날 밤 백양사 객실 1호실에서 묵게 되었는데 밤새도록 정진 중, 음력 10월 10일 새벽쯤 중이 된 후 다시 한 번 큰 깨달음이 있었다. 중이 되기 전 세 번의 깨달음과 특별한 것은 없었으나 다시 본바탕을 새삼 확인해 준 것이다.

마음은 한결 가볍고 평안하고 청정무구하고 밝고 여유로웠다. 평상심 그대로 평상심을 초월해 일체를 원융무애하게 누리는 자수용 일행삼매의 쌍차쌍조의 항사묘용 그대로였다. 일체 생사와 미오와 번뇌망상이 멸해버린 적멸낙의 평상심 그대로 자수용 일상삼매의 진여실상의 대해탈이었다.

아침공양 후 큰스님의 생신을 마음속으로 축하 · 축원하며 큰절을 세 번 올렸다.

큰스님께서 자비로운 웃음을 지으면서 물으셨다.

"공양은 먹었느냐?"

"네, 먹었습니다."

"얼마나 먹었느냐?"

"온 시방을 붉게 합니다."

"공양 맛은 어떠하더냐?"

"온 시방을 달게 합니다."

"나도 동참할 수 있느냐?"

"보리떡 마다 해와 달입니다."

"그대가 해와 달이구나."

"큰스님께서는 산과 물입니다."

"좋은 시절이요, 좋은 공양이구나."

큰스님께 다시 큰절 세 번 올리니, 파안미소 하며 다시 물으셨다.

"나랑 운문암에 같이 가겠느냐?"

"저는 이미 갔다 왔습니다."

"운문암 풍광이 어떠하드뇨?"

"뜨락마다 붉고 흰 꽃이 남발하고 추녀끝마다 학과 봉황의 춤과 노래니, 동서남북 청풍명월 끝없이 보내며, 세상마다 산호열매 계수열매 무진장 뿌립니다."

동시에 큰스님과 눈길이 부딪히며 이심전심이 되었다.

이윽고 큰스님께서 자상히 당부하셨다.

"이제 내 법을 너에게 전해주마. 받아 펼치거라."

"아직 더 공부해서 받아 펼치겠습니다."

큰스님께서는 조금은 서운한 듯, 조금은 의외라는 듯 하며 다음 시절인연을 기약한 듯 곧 여유로워지며, 아무 말씀 없이 잔잔히 웃으며 고개만 끄덕끄덕끄덕 하셨다.

큰스님 법을 받기에 나는 아직 공부가 무언가 부족하다고 생각했다.

부처님처럼 공부가 되어야 부처님처럼 법을 펼 것이라 생각했다.

아직 공부가 완전치 않으면서 법을 받는다는 것은 나를 속이고 큰스님을 속이고 조불조사를 속이고 세상을 속이는 것이라 생각했다. 공부가 먼저 스스로 남음 없이 확실한 후에 명안종사께 인가를 받고 법을 계승하는 것이 정도라 생각했다.

깨칠 때는 일체 공부가 다 된 것이지만, 계속 여여부동하게 지키고 쓰고 누려야 되는 것이다. 견처(見處)와 견행(見行)이 한 치도 어긋나지 않고 어묵동정, 꿈속에서나, 잠속에서나, 죽음에서나, 삶에서나 영겁도록 자유자재하게 꼭 맞아야 한다고 생각했다. 깨치나 미하나 항상 똑같아야 된다고 생각했다.

돌이켜 내 공부를 스스로 점검해 볼 때 분명코 아직 공부도 부족하고, 복도 부족하고, 덕도 지혜도 부족하고, 아직 시절인연도 부족

했다. 백운암에서 또 지금 백양사에서 큰스님께서 주신다는 큰스님 법, 불조(佛祖)의 정법안장을 받아 봉행하지 못한 공부를 부끄러워하며, 송구스러워하며 큰스님께 큰절 세 번 올리면서 말씀드렸다.

"한 바퀴 돌고 오겠습니다."

"늦지 말고 곧장 오너라."

"네, 네, 네."

훗날을 기약하며 물러나왔다. 내 나이 마흔 한 살 때였다.

나는 진천 백골 불뢰토굴에 되돌아갔다. 토굴을 거점으로 세간과 출세간을 오고 가며 나대로 계속 정진하면서 전생에 묵은 빚을 갚으며 만행하면서, 부족한대로 봉사하면서, 나대로의 불연을 세상에 맺으면서, 세상에 불연을 뿌리면서, 세상에 불연을 키우면서, 각자 본래 갖추고 있는 불성을 일깨워주면서, 함께 수행길을 걷고 있는 스님들의 공부를 탁마해 도우면서 출가 때 의도한 대로 많은 도인이 출현하도록 직 · 간접적으로 게으름 피우지 않고 열심히 했다.

사족

영흥 스님이 말하는 견처(見處)와 견행(見行)은 달마 대사가 말한 이입(理入)과 행입(行入)에 각각 비견된다.

달마 대사는 「이입사행론」에서 "도에 이르는 길은 많으나 근본을 들어 말하자면 두 가지 길이 있을 뿐이다. 하나는 진리의 깨달음에 의한 입문, 즉 이입이며 다른 하나는 실천에 의한 입문, 즉 행입이다." 라고 설하고 있다.

달마 대사는 '행입' 에 해당하는 네 가지 실천행으로서 증오를 갚는 실천인 보원행(報怨行), 삶의 가변적인 조건과 환경에 적응하는 실천인 수연행(隨緣行), 구함이 없는 실천행인 무소구행(無所求行), 법에 맞게 행동하는 칭법행(稱法行)을 제시하고 있다.

꿈속의 선문답

그러던 중 이따금 여러 고승들과 몽중거량을 했다. 서로 인가도 하고 서로 전법하기도 했다. 음력 4월 8일 밤새도록 정진하고 있는데, 새벽쯤 비몽사몽간에 부처님께서 오셔서 몽중수기(夢中授記 : 꿈속에서 부처님이 보살 · 2승 등에게 다음 세상에 성불하리란 것을 낱낱이 예언하는 교설)를 주셨다.

"영원히 일체 중생을 다 제도해 마치리라."

부처님께서는 수기와 영흥(永興)이라는 불명을 주셨다. 이후 나의 법호를 영흥이라고 쓰고 있다. 비록 비몽사몽간의 꿈속 일이었지만 너무나 생생했다. 마구니의 작난(作亂)이라고 치부할 수도 있겠지만, 꿈이라는 것도 내 안에 나의 자성작용인 진여연기라 할 수 있고, 자성작용인 업식연기라 할 수 있고, 잠재의식의 활동이라고 할 수 있고, 꿈 그대로 꿈은 꿈일 뿐이라고 할 수도 있겠다. 하지만 꿈을 꾸는 것도, 꿈을 깬 것도 나요, 꿈속에서 작용하는 것도 남이 아닌 바로 나이다. 나의 자성작용인 일체가 안팎으로 서로 열려있는 삶의 연장선상의 체용(體用)인 것이다. 평상시 또한 같은 것이다.

역대 큰스님들께서는 꿈을 꾸어 보면 자기 공부가 어느 정도인가를 스스로 검증할 수 있다고 했다. 누구든지 평상시에는 스스로 의지대로 생각하고 행동하지만 꿈속에서는 자기 의지대로 생각하고 행동하는 것이 아니라, 어떤 업식(業識)에 끄달려 주인 의식을 잃어버린다는 것이다. 꿈속에서도 평상시처럼 주인 의식을 갖고 주인으로서 활동해야만, 즉 꿈속에서도 자기 공부가 여여해야만, 업식에 끄달리지 않고 업식을 자유자재로 쓰는 도인이 된다는 것이다. 뿐만 아니라 잠속에서도 자기 공부가 여여해야만 무정물에 떨어지지 않는다고 했다.

그래서 우리는 평상시나, 꿈속이나, 잠속에서도 한결 같이 공부가 여여한가를 살펴보아야 할 것이며, 일어난 일들은 스스로 자성작용의, 자성연기의 업식체용인 줄 알아서 육바라밀과 팔정도의 삼학으로 대체해서 정진하고 수행해서 안팎으로 복혜구족(福慧具足 : 복과 지혜를 함께 갖춤)한 인격체를 이루어 본래로 참나인 본불의 본나로 돌아가 본나로 진여실상을 누리는 것이다.

자수용삼매 증득과 그 이후의 공부

어느덧 또한 1년이 흘러 내 나이 42살, 음력 12월 3일 오후 5시쯤이었다. 그날도 평상시처럼 정진 중이었는데, 웬지 너무 피곤해서 토굴벽에 막 몸을 기대는데 갑자기 눈앞이 환희 밝아오고 온 마음 온 몸이 상쾌해 지면서 중이 된 후 2번째의 큰 깨달음이 왔다. 산을 보면 산이 되고 물을 보면 물이 되고 꽃을 보면 꽃이 되고 새를 보면 새가 되는 생사일여를 자유자재로 하는 자수용삼매의, 진여실상의 대자유 대해탈이었다. 49일 동안 오나가나 머무나 떠나나 밤이고 낮이고 어묵동정, 몽중, 숙면중에도 오매일여의 일행삼매, 일상삼매로서 번뇌망상이 사라지고 깨침도 미함도 사라지고, 생사열반도 사라지고 색공, 시공도, 유무도 사라진 영원한 대광명의 본나, 참나의 오로지 대생명의 영원한 절대 현재의 대실존이었다. 이제 더 이상 공부를 하지 않아도 되었다.

이젠 확실히 공부를 다 끝낸 줄 알고 이후론 놓아 지냈다. 그런데 갑자기 미해져 버렸다. 캄캄해져 버렸다. 크게 당혹스러웠고, 크게 충격스러웠다. 그러나 다시 분발했다. 더 열심히 정진했다. 3일만에 본래대로 여여했다. 이제는 더 이상 미하지 않겠지 하고 놓아지냈다. 얼마 안 가서 나도 모르게 미해져 버렸다. 다시 여여하고 다시 미하고 수십 번을 반복했다.

일상생활 그대로 여여했고, 꿈속에서도 여여했고, 잠속에서도 여여했고, 삶과 죽음 똑같이 여여했고, 미함과 깨침 똑같이 여여했는데도 놓아지내니 다시 캄캄하고 미했으며, 다시 정진하니 본래대로 밝고 여여했다.

견성성불이 무엇인지, 견성본불이 무엇인지, 돈오돈수가 무엇인지, 돈오점수가 무엇인지, 보림이 무엇인지, 오후수행 부처행이 무엇인지, 다시 한 번 되돌아 살피게 되었고 더욱 절실하게 실감되었다.

결론은 구경각을 이루고 견성성불이 되고 견성본불이 되어 이를 지키고 쓰고 누린다 해도 정진을 놓아서는, 공부를 멈추어서는 안 된다는 것이다. 이것은 나의 체험에서 본, 나의 근기로서의 나의 체험, 나의 공부인 것이니, 누구나 다 이래야 된다는 것은 아니다. 본바탕은 유정 무정 누구나 다 같지만 근기는 각자 업식대로 차이가 있기 때문이다.

그러나 나는 분명히 말한다. 공부란 근기의 차이, 업식의 작용도 영향을 미치지만 이보다 더 근본적인 이유는 우리의 본바탕 자성자리 불성은 근본적으로 본래로 무명이요, 본래로 진여이기 때문이다.

본바탕 자성자리 불성은 근본적으로 본래로 중생이요, 본래로 부처이기 때문이다.

업식으로 인해서 무명이 생겨 진여를 가려서 부처가 중생이 되어 생로병사 하고 육도윤회 하는 것이 아니라, 우리의 근본바탕이자 자성자리인 불성이 근본적으로 본래적으로 무명이요, 진여요, 중생이요, 부처인 것을 따로 보기 때문에, 따로 쓰고 따로 누리기 때문에 착각이 생겨 무명은 중생이요, 진여는 부처라 여겨 전도몽상 하는 것이다.

무명이 곧 진여요, 진여가 곧 무명이기 때문에 무명인 중생이 진여인 부처요, 진여가 곧 무명이요 무명이 곧 진여이기 때문에 진여인 부처가 무명인 중생인 것이다. 이것을 항상 같이 보고 드러내, 같이 만나서 같이 지키고, 같이 쓰고 같이 누릴 때 진정한 대해탈 대안락의 대감로요, 대광명의 참나, 본나의, 불생불멸의 무한한 생명으로서 상주법계해서 나의 자성체용의 작용인 생로병사와 육도윤회와 인과와 연기를 흥대로 이루어 자유자재하는 것이다. 무한한 우주를 이루고 아름다운 세상을 열어 찬란한 문명과 문화를 꽃피워 누리는 것이다.

다시 말하자면 나의 자성이자 불성의 바탕이 본래로 무명이요, 진여이기 때문에 이를 같이 보지 않을 때, 본래로 부처인 중생을 전도망상(顚倒妄想) 하는 것이요, 본래로 중생인 부처를 전도망상해서, 미하고 깨침을 번갈아 쳇바퀴 돌 듯 하는 것이다. 즉 근본이 무명이

기 때문에 항상 미할 수 있고 근본이 진여이기 때문에 항상 깨칠 수 있으니, 곧 근본인 무명이 진여요, 근본인 진여가 무명임을 곧 알아서 항상 똑같이 깨어있는 깸이 되지 않고서는 미하고 깨침이 반복될 수밖에 없기 때문에 스스로 항상 정진을 멈추어서는 아니 된다는 것이다.

궁극적으로 중생과 부처에 빠지지 않고 중생과 부처를 같이 쓸 때 쌍차쌍조한 중도실상의 항사묘용의 참나, 본나인 것이다.

궁극적으로 참나인, 본나인 내가 무명과 진여의 똑같은 성품의 내용을 지니고 무명만 쓰면 중생이 되고, 진여만 쓰면 부처가 되어서 중생과 부처를 따로따로 전도몽상(顚倒夢想)하는 것이다.

궁극적으로 참나인, 본나인 내가 무명과 진여의 똑같은 성품의 내용을 지니고, 무명과 진여를 똑같이 볼 때 무명과 진여를 초월해서 무명과 진여를 진여실상으로, 중생과 부처를 초월해서 중생과 부처를 진여실상으로, 안팎으로 영원히 무한히 홍대로 자유자재로 누리는 것이다.

우리는 정법안장이요, 열반묘심이요, 상락아정이요, 무한생명의, 삼매해탈의 진여실상인 전무후무한 불교의 정체성을 지금 바로 알고 바로 수행해서 본래대로 이 세상을, 이 우주를, 이 법계를 불국토화 해야 할 것이다.

사족

영홍 스님의 자수용삼매의 증득과 그 이후의 보림공부는 성철 스님의 주장과도 맥을 같이 한다. 성철 스님은 오매일여 이후의 견성에 대해서 『백일법문』에서 이렇게 설하고 있다.

"중도를 바로 깨치면 우리 심리 상태가 대무심지이며 무념무생한 이것이 제8 아뢰야의 무기식을 확철히 깨어난 대원경지의 무심입니다. 대무심지에 들어가는 데 오매일여라는 관문이 있습니다. 몽중에도 완전 일여하면 7지 보살이고 잠이 꽉 들어서 일여하면 오매일여, 멸진정 이상의 제8 아뢰야 경지입니다. 조사스님 모두가 실지 오매일여 되어서 참으로 대무심지인 여기서 깨쳐 조사노릇을 하였지 누구든 오매일여, 몽중일여도 못된 데서 깨쳤다는 사람은 하나도 없습니다. 오매일여 된 데서 죽어서 살아나지 못하면 제8 아뢰야 마계(魔界)입니다. 언구를 의심해서 제8 아뢰야 오매일여에서 확철히 깨쳐야 깨끗한 유리그릇 속 보배를 비추는 것과 같이 참 광명이 시방세계를 비춥니다. 무심경계가 되어도 깨친 경계가 아닙니다. 대무심지에서도, 오매일여한 경지에서 다시 깨쳐야 됩니다. 그래야만 견성이다 선이다 할 수 있습니다."

나 안에서 스스로 일체를 이루고, 쓰고, 누리다

다시 내 나이 44살, 음력 9월 9일 오전 11시쯤 만행 중 서울 조계사 대웅전 앞뜨락에서 잠시 평소대로 '이 뭣고?' 화두로 행선하고 있는데 문득,

'꿈도 없고 생각도 없고 잠이 꽉 들었을 때 주인공이 어디서 안심입명하는고?'

하는 공안이 떠오르면서 중이 된 후 3번째의 큰 깨달음이 왔다.

일체가 오로지 나뿐이었다.

나 안에서 스스로 일체를 이루고 일체를 쓰고 일체를 누리는 것이었다.

나 안에서 생사를 초월해서 생사를 똑같이 자유자재로 쓰고 누리고

나 안에서 미오를 초월해서 미오를 똑같이 자유자재로 쓰고 누리고

나 안에서 색공을 초월해서
색공을 똑같이 자유자재로 쓰고 누리고
나 안에서 시공을 초월해서
시공을 똑같이 자유자재로 쓰고 누리고
나 안에서 시종을 초월해서
시종을 똑같이 자유자재로 쓰고 누리고
나 안에서 돈오돈수를 초월해서
돈오돈수를 똑같이 자유자재로 쓰고 누리고
나 안에서 돈오점수를 초월해서
돈오점수를 똑같이 자유자재로 쓰고 누리고
나 안에서 돈오돈수와 돈오점수를 초월해서
돈오돈수와 돈오점수를 똑같이 자유자재로 쓰고 누리고
나 안에서 평상심을 초월해서
평상심을 똑같이 자유자재로 쓰고 누리고
나 안에서 구경각을 초월해서
구경각을 똑같이 자유자재로 쓰고 누리고
나 안에서 이승과 저승을 초월해서
이승과 저승을 똑같이 자유자재로 쓰고 누리고
나 안에서 사바와 극락을 초월해서
사바와 극락을 똑같이 자유자재로 쓰고 누리고
나 안에서 육도윤회를 초월해서

육도윤회를 똑같이 자유자재로 쓰고 누리고
나 안에서 온 법계를 초월해서
온 법계를 똑같이 자유자재로 쓰고 누리고
나 안에서 무명과 진여를 초월해서
무명과 진여를 똑같이 자유자재로 쓰고 누리고
나 안에서 중생과 부처를 초월해서
중생과 부처를 똑같이 자유자재로 쓰고 누리고
나 안에서 견성성불을 초월해서
견성성불을 똑같이 자유자재로 쓰고 누리고
나 안에서 견성본불을 초월해서
견성본불을 똑같이 자유자재로 쓰고 누리고
나 안에서 나를 초월하고
나를 똑같이 자유자재로 쓰고 누리는
오로지 나뿐인 나!
하늘 위나 하늘 아래
오로지 홀로 귀하고 홀로 높은 오로지 나뿐인 나!
끝없이 천진무구한 나!
어디에도 물들임 없는 나!
불생불멸로 오로지 나로 상주법계한 나!
스스로 일체가 구족한 나!
일체를 뿌린대로 쓰고 누리는 나!

일체를 홍대로 이루어 펼치고 거두며 쓰고 누리는 나뿐인 나를
바로 보고, 바로 드러내고, 바로 만나고, 바로 지키고
바로 쓰고 누리는 것이다.
동정일여에도 스스로 자각된 내가
항상 깨어있어 나를 홍대로 쓰고 누리고
몽중일여에도 스스로 자각된 내가
항상 깨어있어 나를 홍대로 쓰고 누리고
숙면일여에도 스스로 자각된 내가
항상 깨어있어 나를 홍대로 쓰고 누리고
오매일여에도 스스로 자각된 내가
항상 깨어있어 나를 홍대로 쓰고 누리고
생사일여에도 스스로 자각된 내가
항상 깨어있어 나를 홍대로 쓰고 누리고
입태일여에도 스스로 자각된 내가
항상 깨어있어 나를 홍대로 쓰고 누리고
윤회일여에도 스스로 자각된 내가
항상 깨어있어 나를 홍대로 쓰고 누리고
만행일여에도 스스로 자각된 내가
항상 깨어있어 나를 홍대로 쓰고 누리고
오르지 나뿐인 나를 바로 보고, 바로 드러내고, 바로 만나고,
바로 지키고, 바로 쓰고, 바로 누리는 것이다.

오로지 나인 나를 바로 수행하고,

정진하고, 깨닫고, 쓰고, 누리는 것이다.

본래대로의 나요, 본래대로의 진여요,

본래대로의 실상을 본래대로의 각으로

본래대로의 참 생명을, 본래대로의 참 삶을, 본래대로의 참 자유를, 본래대로의 참 평화를, 본래대로의 참 행복을, 본래대로의 참 세상을, 본래대로의 참 우주를, 본래대로의 참 법계를, 본래대로 무한히 항상 누리는 것이다.

이후로 나는 이와같이 분명히 깨닫고 확실한 견처와 견행을 똑같이 지냈지만 이를 지키고 쓰고 누리는 실참실행에서는 아직 항상 완벽하지는 못했다.

그래서 항상 초심으로 돌아가 복혜를 함께 닦으면서 일체가 오로지 나인 나를 성찰하며 항상 완성해 가는 공부와 정진을 계속해 나갔다.

다시 나의 공부, 나의 깨달음을 돌이켜 점검해 보자면, 중이 되기 전 세 번의 깨침과 중이 된 후의 세 번의 깨침이 그 바탕은 한 터럭도 차이 없었지만, 그 맛은 다시 새롭고 완벽하게 거듭거듭 똑같이 증명해 주었다. 즉 깨칠 때는 한번이고 열 번이고 백번이고 간에 누구든지 돈오돈수와 돈오점수를 초월한 돈오돈수요, 구경각을 초월한 구경각이요, 견성성불과 견성본불을 초월한 견성본불이다. 하지만, 돈오돈수를, 구경각을, 견성성불을 지키고 쓰고 누리는 실참실행이 항상 깨어있는 본래 나로 가나 오나, 머무나 떠나나, 말하나 침묵하나, 움직이나 고요하나, 꿈속에서나 잠속에서나, 깨달을 때나 미할 때나, 죽음에서나 살았음에나 입태에서나, 윤회에서나, 만행에서나 여여부동하고 활발발하게 자유자재로 하는 오후수행이자 오후보림, 오후부처행이 항상 완성되어야 하는 것이다.

본래로 스스로 나인 본나를 여여부동하게 영겁토록 영겁전이나 영겁지금이나 영겁후에도 누구나 스스로 불생불멸의 상주법계를 끝없이 열어 스스로 다함께 무한한 온갖 낙을 청정무구하게 자유자재로 흥대로 누리는 것이다.

언제나 어디서나 무엇에나 구족된 청정무구한 창조주인 대광명, 대자유, 대감로의 바로 누구나 주인인 바로 나인 것이다.

만암-서옹 스님 가풍 잇는 편지

다음 해 하안거 때였다.

내 나이와 비슷한 누더기 옷 차림의 객승 한분이 찾아와 함께 토굴에서 한 철 지내게 되었다. 서로 탁마하면서 공부를 스스로 알아서 자유정진을 했다.

어느 날 백양사 고불총림 방장 서옹 큰스님께 문안 편지를 올렸다. 그동안 서옹 큰스님께서는 만암(曼庵, 1876~1946) 큰스님께서 열었던 고불총림을 다시 열고 고불선원 운문선원에서 여러 수좌스님들을 지도하며 『벽암록』을 제창하고 일반 재가 불자님들께는 '참사람 수련회' 를 열어 참사람운동을 대대적으로 활발하게 펼치고 계셨다.

나는 상좌로서 큰스님 하시는 일을 만분의 일이라도 받들지 못함을 죄스러워 하며 또한 여러 해 동안 찾아뵙지도 못하고 문안편지라도 올리지 못한 송구스러움에 그동안 공부와 더불어 '만암 노스님의 오도송 찬' 과 '고불총림의 법어 찬' 과 '서옹 큰스님의 오도송 찬' 과 '나의 오도송' , 종지, 가풍을 글로 적어 올렸다.

〈만암 노스님 오도송〉

보배칼을 마음대로 쓰고
밝은 거울은 앞뒤가 없도다.
두 가지 몰아 한 바람
뿌리없는 나무에 불어 닿는다.

내가 날 없는 칼을 잡아
노지(露地)의 흰소를 잡아서
도소주(屠蘇酒 : 설날의 곡차)와 함께 공양 올리니
어느 곳에 은혜와 원수가 있을꼬.

〈만암 노스님 오도송 찬〉

보배칼을 마음대로 쓰니
전체가 붉고 전체가 희고
밝은 거울은 앞과 뒤가 없으니
만고에 홀로 온 세상 비추구나.

두 가지 몰아 한 바람이니
가고 옴에 나머지가 없고
뿌리 없는 나무에 불어 닿으니
가지마다 해와 달이 마구 열리는구나.

내가 날 없는 칼을 잡으니
모래 속에 조개가 진주를 토하고
노지의 흰 소를 잡으니
삶과 죽음은 흰 구름 밖이라.

도소주와 함께 공양 올리니
동서남북 언제나 풍년이고
어느 곳에 은혜와 원수가 있을꼬
온 세상이 끝없이 다뭇 춤과 노래구나.

〈만암 큰스님 고불총림 법어송〉
봄바람은 막힘 없으니
붉고 흰 꽃이 곳곳에 피어나네.
이 이치를 누가 알 것인가.
이 도리를 안다면 도가 밝아지리라.

〈만암 큰스님 고불총림 법어 송찬〉
봄 바람은 막힘 없으니
만년 옛 봄을 전하고
붉고 흰 꽃이 곳곳에 피어나니

한달 빛이 삼계를 꿰뚫어 끝없이 비추구나.

이 이치를 누가 알 것인가.
절룩바리 나귀가 눈먼 코끼리를 끄는구나.
이 도리를 안다면 도가 밝아 지리라니
뜨락에서 옛 부처가 아직 졸고 있구나.

〈서옹 큰스님 오도송〉
상왕(象王 : 코끼리 왕)은 위엄 떨치고 사자는 울부짖는다.
번쩍이는 번갯불 가운데 사와 정을 분별하도다.
맑은 바람이 늠름하여 하늘과 땅을 떨치는데
백암산을 거꾸로 타고 겹겹의 관문을 벗어나도다.

〈서옹 큰스님 오도송찬〉
상왕은 위엄 떨치고 사자는 울부짖으니
만 산, 만 강물이 서쪽을 돌이켜 동쪽으로 향하고
번쩍이는 번갯불 가운데 사와 정을 분별하니
쓴 것은 뿌리까지 쓰고 단 것은 꼭지까지 달도다.

맑은 바람이 늠름하여 하늘과 땅을 떨치니

곳곳마다 산호열매 계수열매 마구 쏟아지고
백암산을 거꾸로 타고 겹겹의 관문을 벗어나니
한바탕 춤과 노래 온 세상 끝없이 태평가에 취하구나.

〈오도송〉

스스로 본 나가 오로지 참 나여서
생멸을 홍대로 삼라만상을 나투고
온 전체로 낱낱이 해와 달로 누리니
옛도 훗날도 지금처럼 우담바라 난발쿠나.

〈종지〉

다함께 홀로 서로 통해 온 법계를 이루고
동서남북에 해와 달을 쌍으로 띄우며
낮에는 꽃을 심고 꽃을 가리키고
밤에는 마니주 뿌리고 마니주 굴리구나.

〈가풍〉

앉은 채로 온 법계를 홍대로 이루고
사바와 극락을 홍대로 펼치구나.
해와 달을 굴리며 중생과 부처를 자유롭게 하고

동서남북에 산호열매 계수열매 끝없이 뿌리구나.

(상좌 성명 범향 삼배)

사족

조계종 초대 종정을 지냈던 만암(曼庵, 1876~1946) 스님은 교육과 수행, 전법 등 수행자의 본분사를 지키는데 평생 한 치의 흐트러짐 없었던 근대 한국불교의 큰 봉우리다. 교육에 대해 관심이 깊었던 스님은 1917년 백양사 주지로 부임한 이래 전통과 현대를 겸비한 승려교육을 위해 광성의숙을 설립했고, 일반인을 위한 심상학교를 세웠다. 그 뒤 1928년 박한영 스님과 함께 주도한 불교전수학교(동국대 전신)를 설립했고, 1947년 전남 광산군의 정광중학교를 설립했다. 1925년 임제종 설립을 주도했던 스님은 50년엔 한암스님에 이어 제 2대 교정에 추대되면서 종단명칭을 조계종으로, 교정을 종정으로 바꿔 한국불교의 법통을 세웠다.

전법게를 불태우다

10일 후에 큰스님께서 답서를 보내왔다.

공부에 대해서 새삼 구구절절한 말씀과 불조의 법을 크게 일으켜 남김 없이 일체중생을 다 제도해 마치라는 간곡한 당부와 함께 승보의 법맥 내용과 함께 '후제(後濟 : 영홍 스님의 법호) 성명(性明: 영홍 스님의 법명) 장실(丈室 : 방장의 거실, 전법제자를 상징함)에게 부촉(付囑)한다.' 는 전법게(傳法偈)를 첨부해 보내왔다.

〈후제 성명 장실 부〉
상왕과 사자가 쌍으로 울부짖고
학과 봉황이 쌍으로 춤추니
해와 달로 이승과 저승을 태평하게 하고
붉고 흰 꽃으로 중생과 부처를 행복하게 하구나.

(서옹 상순 방장 인서설)

그 때 함께 토굴에서 공부하던 객승인 도반스님이 자신도 큰스님

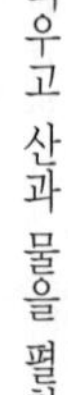

의 편지와 첨부한 승보의 법맥 내용과 전법게를 함께 보자고 해서 보여 주었는데, 잠시 눈여겨 보더니 문득 가사장삼을 수하고 토굴에 모셔놓은 부처님 전에 촛불 켜고 향 사르고 삼배를 올린 후 큰스님께서 보내 온 편지 내용과 승보의 법맥과 전법게를 크게 소리 높여 읽은 후 촛불에 선뜻 부쳐 불태워 버렸다.

그리고는 나에게 큰 절을 세 번 올린 후 하는 말이 이러했다.

"스님 별 달리 생각하지 마십시오. 전법게가 있든 없든 스님의 공부가 어디에 가겠습니까? 불조의 법이 어디에 가겠습니까? 만의 하나라도 노파심절(老婆心切)해서 스님의 동의도 없이 스님께 온 편지와 전법게를 불태워 버렸습니다. 오로지 스님의 공부를 위해서, 또 불법을 위하고 정법을 위해서입니다.

진정한 확철대오도 아니면서 반딧불 같은 견처를 가지고 인가를 하고, 인가를 받고, 전법게를 받아 선지식, 조실, 방장을 하는 것이 요즈음 우리 불교계의 실태인데, 이래 가지고서야 진정한 명안종사(明眼宗師)가 언제쯤 출현하시겠습니까?

스님도 알다시피 견성해서 인가도 받고 전법게도 받은 분이 어찌 다시 미(迷)해서 다시 공부해야 합니까? 그것도 인가도 받지 못하고 전법도 받지 못한 분한테 가르침을 받아 공부해서 다시 그분한테 인가를 받아야 하니, 무엇인가 잘못 돼도 한참이나 잘못 된 것이 아니겠습니까? 그렇다고 인가를 받지 못한 분이 인가를 받은 분들보다 더 공부가 수승하다는 것은 아닙니다. 인가를 받고 안 받고를 떠나서, 전법게를 받고 안 받고를 떠나서 참으로 눈 밝은, 확실하고도 진정한 선지식이라야 인천(人天 : 사람과 하늘 세계)의 큰 스승과 불조의 큰 스승이 될 수 있다는 것입니다.

인가를 받고 전법게를 받았다고 자기 공부가 다 됐다고 자만해서 그것에 주저앉아 더 나아 갈 길을 멈추고 선지식 노릇을 한다면 자기를 속이고 불법을 속이고 세상을 속이는 것입니다. 이것은 자기 자신에게나 불법에게나 세상에게나 큰 손실일 것입니다.

진정한 수행인이자 진정한 공부인이라면 인가를 받고 안 받고, 전법게를 받고 안 받고 간에 연연하지 않고 정진하고 또 정진해서 스스로 안팎으로 한 터럭도 꾸밈이 없고 남음이 없는 명안종사가 되어야 자신도 바로 서고 불법도 바로 서고 세상도 바로 설 것입니다.

스님께서는 스스로 공부가 다 됐다고 생각합니까? 인천의 큰 안목이요 불조의 큰 안목이 되실 스님의 공부가 큰스님의 인가나 전법게로 인해서 오히려 장애가 되어 진정한 정법안장, 명안종사의 공부를 잃을까 싶어 스님의 허락도 없이 스님께 온 큰스님의 편지와 전법게를 부처님 전에 불태운 것이니, 이 도반의 충심어린 경책을 나무라지 마십시오."

"예. 잘 알겠습니다. 스님의 저에 대한 깊은 배려와 경책을 잘 받아 지니고 열심히 더욱 정진하겠습니다. 저도 스님과 같은 생각입니다. 어떤 지위나 권위나 명예나 법좌(法座)나 도과(道果)에 연연하지 않고 일체중생이 다 성불 할 때까지, 일체중생이 다 본불(本佛)이 될 때까지, 일체중생과 일체부처와 함께 수행 정진할 것입니다. 참으로 공부를 바르게 확실히 한다면 저절로 이렇게 홀로 앉은 채로 조불조사와 일체중생과 한 터럭도 차이 없이 서로 서로 끝없이 이심전심하여 만고광명 불국토를 이룰 것입니다."

나는 진심으로 도반 스님의 깊은 배려와 경책을 고맙게 여기면서 큰절을 세 번 올렸다.

나는 그 때 불 태워 너울너울 거리는 불길 속에서 순간, 영원히 시들지 않고 꽃피는 연꽃을 보았고 온 시방을 무한히 찬란히 꽃 피우는 우담바라를 보았고, 온 시방을 무한히 밝고 투명하고 영롱하게, 찬란히, 끝없이 쏟아지는 마니보주를 보았던 것이다.

도반 스님 또한 나에겐 진정한 큰 도반이었고 큰 스승이었다. 웬지 도반스님이 문수보살의 화신인 것 같았다. 우리는 다시 마주 큰절을 세 번 올리고는 평상시 처럼 사심 없이 지내며 더 공부를 서로 탁마하며 한 철 지냈다.

한 철 공부를 다 마치고 다음 시절 인연을 뒤로 한 체 도반스님은 바랑을 둘러매고 웃으며 손을 흔들며 어딘가로 떠났다.

정진 또 정진

나는 토굴에 남아 공부에 대해서 다시 되새겨 보았다.

공부란 진정 무엇인가?

그것은 모두가 스스로 본래 나로 돌아오는 끊임없는 정진이며 본래 나로 돌아와 본래 나로 사는 끊임없는 씀과 누림인 것이다.

시작과 중간과 끝이 한 터럭도 차이 없는 언제나 본래로 여여부동한 불생불멸의 무한하고 자유자재한 생사와 미오를 쌍차쌍조한, 청정무구한 바로 지금 이 자리 영원한 절대 현재의 지금 바로 나인 것이다.

본래 나의 바른 견처와 견행이 일치한, 실참 실행의 내외 명철한 진여실상의 삼매해탈과 열반묘심을 일상 그대로 항상 쓰고 누리는 것이다.

지금도 나의 공부는 계속 되지만 나의 입장과 체험에서 다시 말하고 싶은 것은 시행착오를 하지 말고 끝없이 정진하라는 것이다.

중이 되기 전 세 번의 깨달음과 중이 된 후의 세 번의 깨달음이 있는 가운데 동정일여 몽중일여 숙면일여 오매일여 생사일여 입태

일여 만행일여의 경계와 돈오돈수와 돈오점수를 초월한 돈오돈수의 구경각과, 구경각 마저 초월한 구경각과, 평상심을 초월한 평상심의 일행삼매와 일상삼매를 그대로 쓰고 누렸지만 더 이상 공부할 것이 없다고 일 없이 놓아 지냈다. 하지만 어느 사이 자신도 모르게 미해지고, 다시 정진해서 밝아지고, 다시 놓아 지내다가 미하고, 다시 정진해서 밝아짐이 수십 번이었다. 그래서 많은 세월을 시행착오로 아쉽게 보냈기에 그래서 행여 나와 같은 시행착오를 하지 말고, 또한 조불조사와 똑같이 되었다고 쉬지 말고 정진 정진 또 정진해야 하는 것이다.

내가 본래 부처라면 왜 지금 중생으로 사는가?

내가 본래 각이라면 왜 지금 미하는가?

업식 때문일까?

아니다.

나의 본래 나인 자성 그대로가 본래로 무명이며 진여이고, 진여이며 무명인 것이다.

나의 본래 나인 자성 그대로가 본래로 중생이며 부처요, 부처이며 중생인 것이다.

나의 본래 나인 자성 그대로가 본래로 미함이며 각이요, 각이면서 미함인 것이다.

본래로 무명과 진여는 둘이 아니기 때문이다.

본래로 진여와 무명이 둘이 아니기 때문이다.

본래로 중생과 부처가 둘이 아니기 때문이다.

본래로 부처와 중생이 둘이 아니기 때문이다.

본래로 미함과 각이 둘이 아니기 때문이다.

본래로 각과 미함이 둘이 아니기 때문이다.

그러기에 무명과 진여를, 중생과 부처를, 각과 미오를 같이 보고 같이 쓰고 같이 누릴 때

무명진여를 초월한 무명진여를 함께 누리는 쌍차쌍조한 항사묘용의 본래 나인 참나요

중생 부처를 초월한, 중생 부처를 함께 누리는 쌍차쌍조한 항사묘용의 본래 나인 참나요

미함과 각을 초월한, 미함과 각을 함께 누리는 쌍차쌍조한 항사묘용의 본래 나의 참나인 것이다.

나 안에 무명과 진여를 초월한 무명진여를 동시에 쓰고 누리는 것이요

나 안에 중생과 부처를 초월한 중생부처를 동시에 쓰고 누리는 것이요

나 안에 미함과 각을 초월한 미함과 각을 동시에 쓰고 누리는 것이다.

나 안에 나로서의 체용인 무명과 진여를 따로 보고, 중생과 부처를 따로 보고, 미함과 각을 따로 보고, 나를 착각하여 생사를 착각하고 미오를 착각하고 중생과 부처를 착각해서 온 법계를 온 진리를

착각하는 것이다.

이를 바로 보고, 바로 만나고, 바로 드러내고, 바로 지키고, 바로 쓰고, 바로 누리는 것이 공부인 것이다.

석가모니 부처님께서 말씀하신 연기법은 나안에 나로서의 자성체용인 무명진여의 자성연기(自性緣起)요, 중생부처도 자성체용의 자성연기요, 미함과 깨달음도 자성체용의 자성연기인 것이다.

생사열반도 자성체용의 자성연기요

육도윤회도 자성체용의 자성연기요

상주법계도 자성체용의 자성연기다.

이를 본래 내가 나로서 여여부동하게 원만구족하게 청정무구하게 무한히 홍대로 자유자재로 꼭 맞게 누리는 것이 정진이고 수행이고 공부인 것이다.

공부란?

끝 없는 나에 대한 봉사요

끝 없는 세상에 대한 봉사요

끝 없는 불법에 대한 봉사인 것이다.

공부란?

돈오돈수를 했건, 돈오점수를 했건, 돈수돈오가 됐건, 점수돈오가 됐건, 초견성이 됐건, 구경각이 됐건, 평상심이 됐건, 향상일구가 됐건, 말후구가 됐건, 활구가 됐건, 사구가 됐건, 팔만사천 경을 한눈에 꿰뚫게 됐건, 천칠백 공안을 일시에 타파했건, 조사선이 됐건, 여래선이 됐건, 간화선이 됐건, 묵조선이 됐건, 염불선이 됐건, 기도 염불 주력 사경 간경 사성제 육바라밀 팔정도가 됐건, 계정혜 삼학이 됐건, 생활선이 됐건, 동정일여 몽중일여 숙면일여 오매일여 생사일여 입태일여 윤회일여 만행일여가 되어 견성성불 견성본불이 되어 오후수행의 보림으로, 오후수행의 부처행으로 기필코 나와 일체중생과 일체불이 한 터럭도 차이 없이 똑같이 꼭 맞아서 본래대로 본불본락 본불진락 본불 무애자재의 참나 본나가 되었더라도 놓아 지내지도 말고, 쉬지도 말고 맡기지도 말고, 의지하지도 말고, 분별하지도 말고, 헤아리지도 말고, 할 뿐이라는 것에도 머물지 말고 오로지 첫째도 정진, 둘째도 정진, 셋째도 정진인 것이다.

공부란?

나안에 나를 펼치면 삼천대천세계가 그대로 드러나 온 전체로 낱낱이 나요

나안에 나를 거두면 삼천대천세계가 그대로 감추어 나머지도 없어 나다.

공부란?

나는 나안에 나를 자유자재하게 펼치고 거두며 불생불멸로 상주

법계 하면서 온갖 세상, 온갖 삶, 온갖 낙을 청정무구하게 원융무애하게 중도실상으로 본나로 참나로 누리는 것이다.

본나는, 참나는 언제 어디에 무엇에도 구속되지 않는 독탈무의(獨脫無依 : 홀로 벗어나 어디에도 의지함이 없는)한 절대 생존으로 생사 없이 생사를 흥대로 하고, 미오 없이 미오를 흥대로 하고, 색공 없이 색공을 흥대로 하고, 시공 없이 시공을 흥대로 하고, 시종 없이 시종을 흥대로 하여 무한한 우주를 이루고 아름다운 세상을 열어서 행복한 삶을 엮어 찬란한 문명문화를 꽃 피우는 것이다.

나는 계속 불뢰토굴을 거점으로 나대로의 공부와 불연을 스스로 다지며 널리 펴며 만행도 하고 봉사도 하고 불사를 하면서 열심히 정진했다. 그러다보니 서옹 큰스님께는 찾아뵙지 못하고 가끔씩 문안 편지만 올렸다.

큰스님께서는 하루 속히 함께 살기를 바랬지만, 나는 나대로의 불연을 이루고 펼쳐야겠기에 1차 무차법회 때 잠시 찾아 뵙고 큰절 세 번 올리고 이심전심만 하고 돌아왔다.

숭산 스님 _ 산은 푸르고 물은 흐르는구나

세월은 또 흘러 어느 해 만행 길에 화계사 뜨락에서 숭산(崇山, 1927~2004) 큰스님을 뵙게 되었다.

선 채로 합장을 하며 큰절 세 번 올리고 여쭈었다.

"큰스님께서는 '산은 산이고 물은 물이다.' 하는 경계보다 더 높은 경계가 있다 하는데, 그렇습니까?"

"그렇다."

"어떤 경계입니까?"

"산은 푸르고 물은 흐르는구나."

"그 보다 더 높은 경계를 아십니까?"

"그 보다 더 높은 경계가 있느냐?"

"있습니다."

"그럼 무엇인고?"

"산을 세우고 물을 펼칩니다."

"어째서 그러한고?"

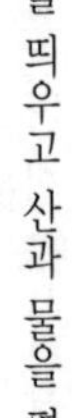

"스님께서 산이요, 스님께서 물입니다."

"그대의 스승은 누구인고?"

"일체중생입니다."

"내가 일체중생이다."

"스님은 조불조사의 스승이십니다."

"그대는 누구인고?"

"검고 흰 깃발을 펄럭이는 파수꾼입니다."

숭산 큰스님께서 문득 손을 높이 흔들며 처소로 돌아가셨다.

또 다시 만행길에 어떤 분이 나에게 물었다.

"스님은 무엇 때문에 중이 되었습니까?"

"그대를 그대에게 맡겨 그대를 자유롭게 하구나."

나는 계속 만행을 하며 나대로의, 나에 대한, 세상에 대한, 불법에 대한 봉사와 치열한 구도정신으로 서원을 세워 실참 수행하였다.

스스로 세월 따라 초심을 잃지 않고 계속 정진 만행에 여념이 없다보니 또 여러해 동안 서옹 큰스님을 다시 찾아 뵙지도 못하고 2차 무차대회 때에도 잠시 뵙고 큰 절 세 번 올리고 이심전심만 하고 돌아왔다.

사족

해외 포교의 선구자인 숭산(崇山, 1927~2004) 스님은 1966년 일본 홍법원 건립 이후 40년 가까이 세계를 돌며 30여개국에 120여개의 선원을 세웠다. 서구에서는 티베트의 달라이 라마 등과 함께 세계 4대 생불(生佛)로 숭앙받기도 했다.

숭산 스님의 해외포교는 당신의 은사 스님인 고봉 선사의 가르침에 기인했다. 고봉 스님은 제자에게 "너는 불교의 세계화에 힘을 써라."고 하명했고, 숭산 스님은 일본 홍법원에 이어 1972년 이후 미국에 건너가 세탁소 생활을 거쳐 하버드대학에서 정식으로 영어를 익혔다. 그후 해외포교는 미국뿐만 아니라 캐나다(74년 이후), 폴란드 등 동유럽(78년 이후), 영국(80년 이후)으로 확장됐으며, 해외 제자들은 700여명에 달한다.

숭산 스님은 평소 "온 세상은 한 송이 꽃"이란 말을 자주했다. 불교가 전 세계를 감싸안을 대안 종교임을 암시한 말로, 할아버지 스승인 만공 스님이 강조했던 '세계일화(世界一花)'의 정신을 이어받은 것이다. 2004년 11월 30일 입적한 스님은 "만고광명(萬苦光明) 하니 청산유수(青山流水 : 산은 푸르고 물은 흘러간다)니라."는 열반송을 남겼다.

서옹 대종사의 열반

세월은 또 여러 해 동안 흘러갔다.

나는 나대로의 이 세상 나의 불법실현에 정진을 항상 멈추지 않았다.

어느 해 겨울 며칠이고 함박눈이 계속 펑펑펑 우담바라처럼 쏟아지는 날, 먼 산 먼 토굴에서 뒤 늦게 서옹(西翁, 1912~2003) 큰스님 열반 소식을 전해 들었다.

먼 산 먼 토굴에서 홀로 추모송을 올렸다.

〈서옹 대종사 열반 추모송〉

언제나 홍대로 온 법계를 이루고
언제나 홍대로 온 세상을 열고서
이승과 저승을 홍대로 오고 가며
중생과 부처를 홍대로 가리키소서.

무명업식이 진여실상으로 낙이요

육도윤회가 상락아정으로 낙이라
동서남북 청풍명월 끝없고
집집마다 웃음소리 하늘보다 높습니다.

풀잎마다 우담바라요
돌멩이 마다 마니보주라
고기는 물에서 춤추고
새는 숲속에서 노래합니다.

다시 한바탕 엉엉엉 울고
다시 한바탕 하하하 웃습니다.
낱낱이 향을 사르어 만혼을 거두고
온 전체로 빛을 놓아 만 세상 길이 누리소서.

(상좌 성명 분향 삼배)

사족

평생 '참사람[無位眞人] 운동'을 펼치며 조사선(祖師禪)의 대중화를 위해 원력을 쏟았던 서옹(西翁, 1912~2003) 스님은 1912년 10월 10일 충청남도 논산시 연산면에서 태어나 32년 양정고등보통

학교를 졸업했다. 같은 해 인생문제와 우주, 진리에 관해 고민하던 중 우연히 불교서적을 읽다가 깨친 바 있어, 전라남도 장성의 백양사로 출가해 만암 스님을 은사로 득도 수계했다. 35년 중앙불교전문학교를 거쳐 41년 일본 교토[京都] 임제대학을 졸업한 뒤, 같은 해 일본 임제종 총본산 묘심사 선원에 들어가 3년 동안 안거했다. 62년 동국대학교 선학원 원장을 지내고, 65년부터 74년까지 도봉산 천축사 무문관, 대구 동화사, 백양사, 문경 봉암사 조실을 역임했다. 74년 조계종 제5대 종정에 추대되었고, 78년 종정에서 물러난 뒤에도 백양사 조실, 수국사 백운암 조실, 백양사 운문선원 조실, 백양사 고불총림 방장 등을 맡아 선의 대중화에 힘썼다. 항상 참선 수행과 보살행을 함께 닦을 것을 당부한 서옹 스님은 2003년 12월 13일 세수 92, 법랍 70세를 일기로 좌선하는 자세로 입적했다.

본래면목(本來面目)

다시 동안거 해제 만행 길에 어느 분이 나에게 물었다.

"스님의 본래면목(本來面目)은 무엇입니까?"

"그대가 콩떡으로 해와 달을 굴리고 그대가 팥떡으로 산과 물을 펼치구나."

"일체중생의 본래면목은 무엇입니까?"

"그대가 콩떡으로 해와 달을 굴리고 그대가 팥떡으로 산과 물을 펼치구나."

"일체제불의 본래 면목은 무엇입니까?"

"그대가 콩떡으로 해와 달을 굴리고 그대가 팥떡으로 산과 물을 펼치구나."

"일체 모두의 본래 면목은 무엇입니까?"

"그대가 콩떡으로 해와 달을 굴리고 그대가 팥떡으로 산과 물을 펼치구나."

"정녕 어째서 그러합니까?"

"그대가 콩떡이요 해와 달이요, 그대가 팥떡이요 산과 물이구나."

"필경 어째서 그러합니까?"
"나는 오로지 나구나."
"하!"

〈자찬〉
절룩절룩절룩 수미산에 오르고
절룩절룩절룩 시장 바닥을 누빈다.
해와 달을 띄우며 온 시방을 행복케 하고
꽃과 열매를 뿌리며 온 시방을 태평케 하구나.

하!

늘 정진 누리는 날 영흥성명 범향 삼배

뒷 글

해와 달로 온 법계를 이루고
꽃과 마니주로 온 세상을 드러내
중생과 부처가 온갖 낙으로 자유요
사바와 극락이 홍대로 태평구나.

알겠느냐?
그대가 산이 되어 산을 세우고
그대가 물이 되어 물을 펼치구나.

하!

늘 누리는 날 운수납승 영흥성명 범향배.